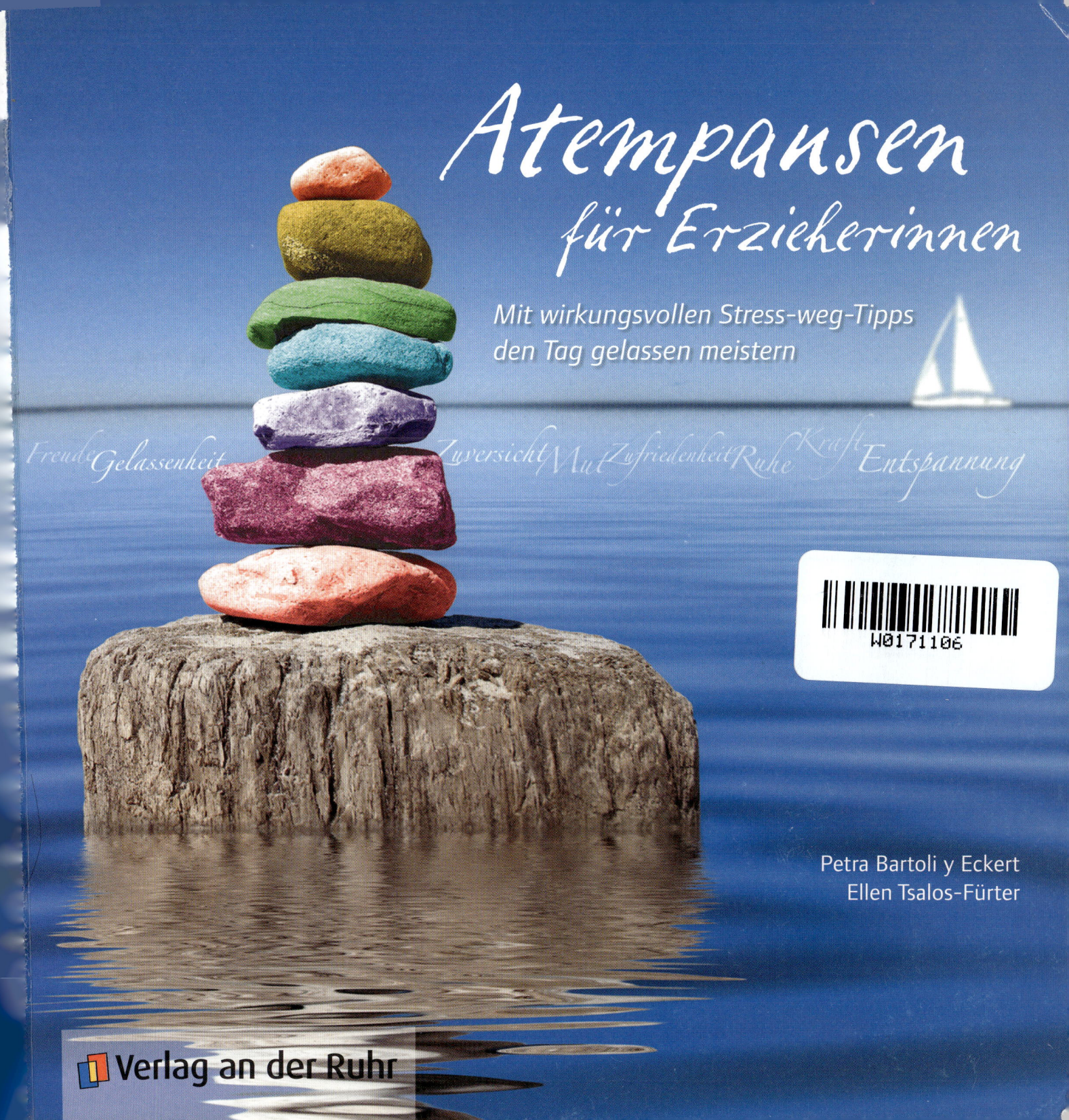

Atempausen
für Erzieherinnen

Mit wirkungsvollen Stress-weg-Tipps
den Tag gelassen meistern

Freude Gelassenheit Zuversicht Mut Zufriedenheit Ruhe Kraft Entspannung

Petra Bartoli y Eckert
Ellen Tsalos-Fürter

Verlag an der Ruhr

Impressum

Titel
Atempausen für Erzieherinnen
Mit wirkungsvollen Stress-weg-Tipps den Tag gelassen meistern

Autorinnen
Petra Bartoli y Eckert, Ellen Tsalos-Fürter

Titelbildmotiv
© Perry – fotolia.com

Fotos
siehe Bildnachweise auf Seite 142

Umschlaggestaltung
Christian Weißenborn, Berlin

Innengestaltung
Claudia Adam Graphik-Design, Darmstadt

Verlag an der Ruhr
Mülheim an der Ruhr
www.verlagruhr.de

Unser Beitrag zum Umweltschutz

Wir sind seit 2008 ein ÖKOPROFIT®-Betrieb und setzen uns damit aktiv für den Umweltschutz ein. Das ÖKOPROFIT®-Projekt unterstützt Betriebe dabei, die Umwelt durch nachhaltiges Wirtschaften zu entlasten. Unsere Produkte sind grundsätzlich auf chlorfrei gebleichtes und nach Umweltschutzstandards zertifiziertes Papier gedruckt.

© Verlag an der Ruhr 2012
ISBN 978-3-8346-2219-8

Printed in Germany

Inhalt

Sie haben den schönsten Beruf der Welt!

„Was machst du eigentlich den ganzen Tag? Du passt doch nur auf Kinder auf, was ist daran denn so anstrengend?" – Kennen Sie als Erzieher oder Erzieherin solche Aussagen? Bei solchen Vorurteilen oder Meinungen ist es nicht immer einfach, gelassen zu bleiben. Aber Ihre pädagogischen Kompetenzen klarzumachen, ist nicht das einzige Problem, das belasten kann. Der Alltag in der Kita ist oft ziemlich anstrengend: Sie versuchen, trotz großer Gruppen und wenig Personal allen Kindern gerecht zu werden. Der Lärmpegel in den Gruppenräumen ist meist hoch. Im Alltag kommt es immer wieder zu Konflikten zwischen den Kindern oder zwischen Ihnen und Eltern oder Kollegen. Das sind Stolpersteine, die Erziehern und Erzieherinnen häufig zu schaffen machen.

Dabei haben Sie einen der schönsten Berufe überhaupt. Sie legen den Grundstein für eine gesunde Entwicklung von Kindern und werden dafür täglich durch ein Lächeln, durch Zuneigung der Kinder und deren Erfolge belohnt. Es ist nur wichtig, das auch im Auge zu behalten.

Dieses Buch soll Sie dabei unterstützen. Lesen Sie, wie Sie den Alltag mit seinen Abläufen vereinfachen, Zeit sinnvoll einteilen und so Stressfaktoren aus dem Weg räumen. Sie bekommen Tipps, wie Sie Ihre eigenen Bedürfnisse berücksichtigen und für sich sorgen können.

> Erzieherin sein – das ist viel mehr als bloß auf Kinder aufzupassen! Wer wüsste das besser als Sie …

Stein auf Stein – Erzieherinnen legen wichtige Grundsteine fürs Leben.

Mit wirkungsvollen Stress-weg-Tipps den Tag gelassen meistern

Jeder ist seines Glückes Schmied … Schmieden Sie deshalb aktiv Ihre persönlichen Glücksmomente in der Kita zurecht.

Und Sie werden dabei unterstützt, mit Situationen umzugehen, die für Reibung und Turbulenzen sorgen. So ebnen Sie den Weg für Ihr persönliches und berufliches Glück.

Ein Sprichwort sagt: *„Jeder ist seines Glückes Schmied"*. Fangen Sie also noch heute an, Ihr Glück in die richtige Form zu schmieden. Dann erleben Sie Glücksmomente in der Kita oder zu Hause wieder bewusst und intensiver – und bleiben als Erzieher oder Erzieherin entspannt und gelassen.

Herzlichst, Ihre

Ellen Tsalos-Fürter und Petra Bartoli y Eckert

Es ist ein Geschenk, Kinder Tag für Tag beim Lernen, Erleben und Entdecken zu begleiten.

Was Erzieherinnen berichten...

Erzieherin ist **nicht** gleich Erzieherin!

Kindergarten, Kinderhort, heilpädagogische Tagesgruppe, Kinderkrippe, Wald-kindergarten ... Die Liste der Arbeitsfelder für Pädagogen ist lang, und aus diesen unterschiedlichsten Arbeitsbereichen ergeben sich einerseits Bedingungen, Möglichkeiten und Bedürfnisse, die sich gar nicht vergleichen lassen. Und andererseits sind es doch immer wieder ähnliche Erfahrungen im Umgang mit Kindern und Erwachsenen, die Erzieherinnen prägen und herausfordern. Was gibt es dabei für motivierende oder hemmende Faktoren? Das hat uns interessiert, und darum haben wir pädagogische Mitarbeiter aus dem Bereich Krippe, Kindergarten und Hort befragt, wie es ihnen geht, was sie als Herausforderung oder Belastung im Kita-Alltag erleben und was ihnen Kraft gibt, ihren Alltag souverän zu meistern.

> Wurzelgeberinnen, Flügelverleiherinnen, Krisenmangerinnen, Improvisationskünstlerinnen oder Erzieherinnen erzählen, warum sie ihren Beruf so lieben ...

„Wir sind ein tolles Team in unserer Kita!"

Was mir gelegentlich zu schaffen macht, ist mangelnde Wertschätzung von anderen für meinen Beruf. Das stelle ich sogar bei Fachleuten, zum Beispiel Lehrern, fest, mit denen ich eigentlich zusammenarbeiten möchte, die aber häufig ihr „eigenes Süppchen" kochen und so gar nicht kooperieren. Besonders belastet mich im Kita-Alltag, dass ich das Gefühl habe, irgendwie alles gleichzeitig und turboschnell machen zu müssen: Die Befindlichkeiten der Kinder wahrnehmen, darauf eingehen, gleichzeitig bei Hausaufgaben betreuen – aber das alles so schnell und kompakt, dass genügend Zeit für ein attraktives Freizeitprogramm bleibt.

Gesundheitlich habe ich hin und wieder kleinere „Zipperlein", die sich auf die Arbeit in der Kita zurückführen lassen. Da ich recht groß bin, ist Bücken, Heben oder Tragen häufig eine Herausforderung. Das führt bei mir dann immer wieder zu Rückenproblemen und Nackenverspannungen.

> Katrin H. ist 43 Jahre alt und arbeitet als Erzieherin in einem Kinderhort.

Gelassenheit

Mit den Kolleginnen Hand in Hand meistern Sie die Herausforderungen des Alltags besser.

Wenn ich etwas verändern würde, dann wären das die Räumlichkeiten in unserer Kita: Ich würde Räume sinnvoller nutzen und Rückzugsgebiete für Kinder und Erzieherinnen schaffen.

Ich würde auch gerne intensivere, regelmäßige Gespräche mit Eltern und Lehrern einführen. Die kommen bei uns aus zeitlichen Gründen nämlich häufig zu kurz. Unterstützung fände ich im Hinblick auf eine gelungene Kommunikation gut. Also so eine Art Coaching, wie ich Schwierigkeiten und unangenehme Themen anspreche.

Was mir gut tut? Wir sind ein tolles Team in unserer Kita – das tut mir gut und lässt mich manche Schwierigkeiten im Alltag leichter meistern. Natürlich tut mir auch die Arbeit mit den Kindern gut, weil ich sie wirklich gerne mache. Es ist schön zu sehen, wenn Kinder sich weiterentwickeln und ich sie dabei ein Stück begleiten kann.

Im Alltag versuche ich, für mich zu sorgen, indem ich mir zu Beginn meiner Arbeitszeit eine Tasse Tee oder Kaffee mache. Die nehme ich dann mit, wenn ich zu den einzelnen Kindern gehe und sie beim Aufgabenmachen unterstütze. Was auch ein Genuss und ein Gönnen ist: die Kerze, die ich beim Mittagessen mit den Kindern auf den Tisch stelle.

Nach Feierabend mache ich erst einmal Pause! Dann tue ich häufig Dinge, bei denen ich sofort ein Ergebnis sehe, also Gartenarbeit oder Herumbasteln an Möbeln. Lesen ist eine herrlich ruhige Beschäftigung, die mich nach einem lauten Tag in der Kita entspannt. Und natürlich gönne ich mir regelmäßig Treffen mit Freunden. Dann kann ich eben mal über andere Dinge als die Kita sprechen – und das tut gut!

Ich bin gerne Erzieherin! Sehr gerne sogar. Ich finde, dieser Beruf hält jeden Tag kleine Glücksmomente für mich bereit. Wenn zum Beispiel ein Kind, das bisher ablehnend und zurückgezogen war, sich in einem Gespräch mit mir öffnet, finde ich das wunderbar. Ich bin ein sehr kreativer Mensch – und als Erzieherin kann ich jeden Tag aufs Neue meine Ideen einbringen. Wo kann man das sonst noch so richtig?

„Ich wünsche mir kleinere Gruppengrößen!"

Meine Herausforderung ist es, mich immer wieder auf die verschiedenen Charaktere der Kinder einstellen zu müssen. Ebenso der dauernde Wechsel von Eltern, Kindern und Personal.

Körperlich spüre ich manchmal Rückenschmerzen vom Heben der Kinder und vom Sitzen auf den kleinen Möbeln.

Ich würde mir eine bessere personelle Besetzung bzw. kleinere Gruppengrößen wünschen.

Aber mich motiviert, dass ich mit meiner Arbeit die Erziehung der Kinder positiv beeinflussen kann. Und mein gut aufeinander abgestimmtes Team in der Gruppe, das sich sehr gut ergänzt und harmoniert.

Zum Abschalten suche ich nach Feierabend viel Ruhe, aber auch sportliche Aktivität. Ich fahre gerne als Ausgleich ein paar Tage in die Berge.

Mein Beruf macht mir Spaß, weil ich die Arbeit am Kind schätze, mich kreativ ausleben kann und er sehr abwechslungsreich ist.

> *Steffi S. ist 23 Jahre alt und Kinderpflegerin. Sie arbeitet in zwei unterschiedlichen Kindergartengruppen und betreut so am Vormittag andere Kinder als am Nachmittag.*

Zufriedenheit

„Das Strahlen der Kinderaugen motiviert mich!"

Zu den besonderen Herausforderungen gehört unter anderem das Alter der Kinder in der Kinderkrippe, was in meiner Gruppe zwischen 8 Monaten und 3 Jahren liegt. In diesem Alter können sie sich teilweise noch nicht so gut sprachlich ausdrücken und somit ihre Bedürfnisse äußern. Hieraus ergibt sich die Herausforderung, dass ich als Erzieherin diese Bedürfnisse der Kinder erkennen und wahrnehmen muss. Ich muss dafür ein Gespür haben, wie es jedem Einzelnen geht, was es im Moment braucht.

Des Weiteren ist jedes einzelne Kind ein Individuum. Darauf muss ich eingehen können, jedes so wahrzunehmen und ernstzunehmen, wie es ist. Jede einzelne Persönlichkeit. Dabei ist es aber auch ganz wichtig, immer auf Gleichberechtigung zu achten, zu versuchen, für jedes Kind so gut wie möglich da zu sein, echt und offen sein.

Manchmal spüre ich leichte Schmerzen oder Unwohlsein in meinen Kniegelenken, weil ich viel bei den Kindern auf dem Boden hocke und kniee.

Ansonsten tut es mir im Herzen etwas weh, dass sich viele Einrichtungen oder die beschäftigten Erzieherinnen nicht fortbilden, sondern nach einem pädagogischen Konzept arbeiten, welches es bereits vor 10 – 15 Jahren schon gab. Ich kann das für mich nicht verantworten bzw. den Kindern nicht antun.

Wie auch die Zeiten, so ändern sich auch die pädagogischen Ansichten und das Wissen. Die vielen Studien über Gehirnforschung zeigen uns auf, wie Kinder lernen und was ihnen im Kindesalter gut tut. Somit muss ich mich als Erzieherin fortbilden und darüber informieren, um so gut wie möglich mit den kleinen Geschöpfen arbeiten zu können.

Mut

Strahlende Kinderaugen machen glücklich, geben Kraft und motivieren jeden Tag aufs Neue.

Ich würde sehr gern intensiver reggio-orientiert und systemisch arbeiten. Das heißt, mit den Kindern in Projekten an IHREN Interessen zu „arbeiten" und gemeinsame Lern- und Aha-Situationen zu erleben. Ich möchte gemeinsam mit meiner Kollegin auf die Bedürfnisse und Interessen der Kinder achten und dann auf sie eingehen.

Die verschiedenen Kinder mit ihrem Lächeln, die strahlenden Augen, die verschiedenen Erlebnisse und die Abwechslung im Alltag motivieren mich immer wieder. Sie in diesen intensiven Situationen zu beobachten und sich mit ihnen gemeinsam zu freuen, ist toll. Auch das Team bedeutet für mich Rückhalt, Motivation, Gemeinsam-an-einem-Strang-Ziehen, Orientierung, Ideenreichtum, Vertrauen, Akzeptanz, Offenheit und Echtheit.

Was ich mir als Ausgleich gönne? Ich genieße einen Cappuccino nach der Arbeit. Außerdem tut mir Verschiedenes gut, wie spazieren gehen in der Natur, mit und auch mal ohne Musik, walken, joggen, tanzen. Ich brauche auch ruhige Situationen, wie zum Beispiel in Ruhe ein Buch lesen, in der Badewanne liegen und

Schon Friedrich Fröbel wusste: „Bei der Erziehung muss man etwas aus dem Menschen herausbringen und nicht in ihn hinein."

Entspannung

die Erlebnisse des Tages reflektieren. Natürlich auch Gespräche mit der Familie, mit Freunden, mit Kollegen.

Ja!!! Ich bin gern Erzieherin, weil ich mit Kindern zusammen bin, sie in ihrem Tun und bei Lernsituationen beobachte. Ich finde es sehr spannend, ihnen dabei zuzusehen, wie sie die verschiedensten Situationen bewältigen. Sie begeistern mich immer wieder, wie stark, mutig und selbstbewusst sie durch den Tag gehen. Ich lerne gerne mit und von „meinen" Kindern.

Und ich bin gern Erzieherin wegen dem Strahlen in den Kinderaugen und einem Lächeln, wenn sie Erfolgserlebnisse haben. Und ich finde es wunderschön, dass ich es sein kann, die Kinderaugen strahlen lassen kann. Sie geben mir dadurch so viel, dass ich es gar nicht beschreiben kann. Es motiviert mich Tag für Tag.

„Ich leide unter der großen Lautstärke!"

Angela G. ist 42 Jahre alt und Erzieherin in einem Kindergarten.

Für mich liegt die besondere Herausforderung darin, allen Menschen, mit denen ich zu tun habe (Kindern, Praktikanten, Eltern, Kollegen, Vorgesetzten), gerecht zu werden. Zudem wachsen die Anforderungen an Erzieherinnen ständig, und es ist nicht einfach, bei den verschiedenen Ansprüchen, wie zum Beispiel bei der unterschiedlichen Auslegung des Bildungsplanes, einen guten Weg zu finden. Manchmal leide ich unter der großen Lautstärke im Gruppenraum oder an den niedrigen Stühlen. Das kommt auf meine Tagesverfassung an. Außerdem würde ich mich oft gerne mehr auf eine Sache konzentrieren, was aber mit Kindern oft nicht möglich ist.

Wenn es in meiner Macht stünde, würde ich den Kindergarten in allen Ferien für eine Woche schließen, um allen Kindern, auch denen der Erzieherinnen, mal Zeit mit der Familie zu ermöglichen. Wenn sie in die Schule kommen, muss es dann ja auch irgendwie gehen. Ich würde mir auch mehr Anerkennung von der Gesellschaft wünschen (dass wir wirklich gute Arbeit leisten und nicht „nur" mit Kindern spielen). Ich wünsche, dass nach der Reform der Kindergärten auch die

Schule reformiert wird und wirklich auf den Kindergarten aufbaut. So sind die Forderungen des Bildungsplanes oft nicht da, die die Schulen an unsere Arbeit stellen. Außerdem wünsche ich mir, dass notwendige Mittel für Maßnahmen, wie zum Beispiel Schallschutz im Gruppenraum oder Drainagen im überfluteten Garten, als Selbstverständlichkeit angesehen werden und einfach ohne Bürokratie genehmigt und eingebaut werden.

Aber mich motiviert meine positive Lebenseinstellung. Jeder Tag ist ein Geschenk, das es auszupacken und zu genießen gilt. Außerdem liebe ich die Arbeit mit den Kindern und genieße den Kontakt mit Menschen. Zudem arbeite ich mit zwei tollen Kolleginnen in der Gruppe. Wir ergänzen uns prima. Das Team ist wirklich das Wichtigste in unserer Arbeit. Allein bin ich ein Einzelkämpfer, im guten Team geht einfach alles viel besser. Von außen kommen genug Anforderungen, wenn ich da noch in meiner Gruppe kämpfen müsste, würde ich mit meiner Energie schnell an meine Grenzen stoßen.

Ein Spaziergang an der frischen Luft als Ausgleich zum Arbeitsalltag belebt und gibt neue Kraft.

Als Ausgleich zur Arbeit tut mir Bewegung an der frischen Luft gut. Außerdem kann ich zu Hause, wenn ich bei meiner Familie bin, gut abschalten. Ich genieße es auch, mit unseren Katzen auf dem Sofa ein gutes Buch zu lesen. Natürlich gönne ich mir auch manchmal etwas. Das kann ein schöner Nachmittag mit einer Freundin sein oder ein Spaziergang ganz allein. Oder ich kaufe mir etwas Schönes zum Anziehen, zum Lesen oder zum Anschauen (Deko, Blumen). Manchmal gehe ich auch zur Fußpflege.

Ich bin sehr gerne Erzieherin, aus all den genannten Gründen. Aber auch, weil Kinder die Welt so schön frisch sehen und mich an ihrer Sichtweise teilhaben lassen. Weil jedes Kind eine eigenständige Person ist und so auch eine neue Herausforderung für mich, mich immer wieder neu einzulassen.

Zuversicht

1. Ihr Alltag –
Das macht ihn leichter

So fängt der Tag **gut** an

„Da es sehr förderlich für die Gesundheit ist, habe ich beschlossen, glücklich zu sein." Voltaire

Gesundheit und Glück im Leben – wer wünscht sich das nicht? Lassen Sie Ihre Wünsche wahr werden, entdecken Sie diesen Glaubenssatz für sich, und fangen Sie noch heute damit an, ihn umzusetzen.

Kleines Experiment für Durchstarter

Sie könnten den Tag beginnen, indem Sie ein Experiment wagen und drei gewohnte Abläufe durch etwas Neues ersetzen.

Sanftes Aufstehen
Gewohnter Ablauf: Der Wecker klingelt, und Sie beginnen im Halbschlaf bereits damit, sich vorzustellen, welch unangenehme Aufgaben heute wieder auf Sie warten. Das Aufstehen fällt schwer …

Heute einmal anders: Sie bleiben einen Moment ganz ruhig liegen und spüren Ihrem Körper nach. Dann stellen Sie sich Ihren „inneren Schatz" vor, der aus all Ihren Fähigkeiten, Fertigkeiten und besonderen menschlichen Eigenschaften besteht. Machen Sie sich bewusst, dass Sie ihn besitzen, und stellen Sie sich vor, wie Sie sich damit heute, in der Kita und privat einbringen werden. Sie stehen gestärkt und motiviert auf …

Kraft

Wenn Sie mit positiven Gedanken aufstehen, können Sie sich gleich viel besser auf den Tag einlassen.

Der wohlwollende Blick in den Spiegel

Gewohnter Ablauf: Im Badezimmer blicken Sie frustriert in den Spiegel. Sie wollten doch eigentlich schon lange einmal wieder zum Friseur und sich endlich mehr Zeit für die Körperpflege nehmen. Das Fitnessstudio war auch angedacht.

Heute einmal anders: Vor dem Spiegel sagen Sie zu sich den Anfang des weltbekannten Songs von Gloria Gaynor: „I am what I am. I am my own special creation" (übersetzt: Ich bin, was ich bin. Ich bin meine eigene spezielle Schöpfung). Und als solche haben Sie allen Grund, selbstbewusst in den Tag zu starten. Denn, wie Sie wissen: Wahre Schönheit kommt von innen – und die besitzen Sie.

Frühstück

Gewohnter Ablauf: Jeden Morgen folgen Sie dem gleichen Trott. Die Wege durch die Küche scheinen vorgezeichnet. Kaffee, Frühstück … Ewig dasselbe! Frustrierend!

Heute einmal anders: Heute trinken Sie an Stelle von Kaffee einmal Tee, und das Marmeladenbrot wird ersetzt durch ein Müsli mit frischen Früchten. Natürlich nehmen Sie Ihr Früh-stück auch an einem anderen Ort ein, etwa auf dem Balkon, in der Küche, im Bett oder eben dort, wo Sie es noch nie ge-tan haben. „Alles auf anders" heißt Ihre Devise. Inspirierend?

> **Tipp**
> Entscheiden Sie sich bewusst immer wieder dazu, Dinge neu zu sehen und anders anzupacken – dann eröffnen sich Ihnen ungewöhnliche Perspektiven, die den All-tagstrott verändern und Ihre Lebenseinstellung positiv beeinflussen können. Denn: Glücklichsein ist in jedem Fall auch förderlich für Ihre Gesundheit!

Zum Beispiel mit einem Früchtemüsli auf den Balkon setzen und in aller Ruhe frühstücken – ein wahrer Glücksmoment für den Start in den Tag.

Kleider machen „Arbeit"

Immer verfügbar: Gummistiefel für den Matsch- oder Kita-Garten-Einsatz – nicht nur für die Kinder.

Kein Hexenwerk!
Die Zauberformel für gute Arbeitskleidung: bequem und trotzdem schick.

Kennen Sie das?

„Ach nein! Nicht schon wieder!" Elke K. (Erzieherin) betrachtet verärgert den Ärmel ihrer Bluse, der mit Wasserfarbenspritzern überzogen ist. *„Wenn ich einmal nicht in ‚Schutt und Asche' daherkomme, weil ich nach der Arbeit noch einen Termin habe, dann passiert mir so was. Wieder eine Bluse komplett verdorben."*

Stehen Sie auch morgens oft lange vor Ihrem Kleiderschrank und greifen dann doch immer wieder zum Gleichen – Jeans und Shirt? Das tun Sie aus gutem Grund: Sicher sind schon zu viele Ihrer „besten Stücke" nach einem Kita-Tag mit Farbflecken oder Ähnlichem in der Kleidertonne gelandet. Dennoch würden Sie sich wünschen, bei Elterngesprächen oder bei der Sitzung im Anschluss an die Kita nicht immer in zu legerer „Arbeitskleidung" zu erscheinen?

Organisation ist alles!

Was für die Kinder praktisch ist, kann auch Ihnen gute Dienste leisten – Wechselkleidung! Für Kita-Kinder stehen immer einige Kleidungsstücke zum Wechseln zur Verfügung. Deponieren auch Sie eine oder zwei kostengünstige Westen aus Baumwollstoff und eine ausrangierte Jeans in der Einrichtung. Ebenso im Frühjahr und im Herbst ein Paar Gummistiefel. So sind Sie für alle Fälle ausgerüstet. Wenn Sie Ihre Arbeit beginnen, kommt die Bluse in den Schrank, und Sie ziehen eine Weste über. Die Gummistiefel bewahren Ihre Schuhe vor Regen- und Matschattacken beim Spielen im Garten. Nach Dienstende sind Sie in Sekundenschnelle wieder umgezogen und bereit für den Arztbesuch oder den Kaffee mit der Freundin. Für Tücher und Schmuck

können Sie einen kleinen Kulturbeutel in der Handtasche bereithalten. So bleibt alles bis zum Ende der Arbeitszeit sicher verwahrt.

Tipp: Strick ist wieder schick!

Erweitern Sie Ihre Garderobe kreativ, und greifen Sie selbst einmal wieder zu den Nadeln. Beim Stricken eines Schals ist das Erfolgserlebnis garantiert, und Sie sind bald Besitzerin eines kuscheligen Einzelstücks! Sie brauchen dazu lediglich eine dicke Wolle nach eigenem Farbgeschmack und ein Paar passende Stricknadeln. Welche Dicke die Nadeln haben müssen, steht auf der Banderole des Wollknäuels, ebenso, wie viel Wolle Sie benötigen. Dann kann es losgehen. Schlagen Sie so viele Maschen an, wie Ihr Schal breit werden soll, und stricken Sie ihn dann „kraus rechts", das heißt nur mit rechten Maschen in Hin- und Rückreihe bis zur gewünschten Länge.

Ob in Pink, geringelt oder grobmaschig, ob Mütze, Schal oder Handschuhe – Gestricktes hält nicht nur warm, sondern sieht auch toll aus. Und selbstgemachte Stücke trägt man gleich noch viel lieber.

Stricken liegt voll Trend. Probieren Sie es doch auch einmal aus!

Keine Panik!
Ach, oh, Schreck, ein „Kita-Fleck"? Mit Hausmitteln ist er schnell wieder weg!

Arbeitskleidung stärkt das „Wir-Gefühl!"

Was in Arztpraxen, bei Fußballmannschaften oder im Friseursalon gang und gäbe ist, kann bei Ihnen gerne Einzug erhalten – das Team zeigt sich als Einheit, indem alle ein einheitliches Kleidungsstück tragen. Wenn alle Mitarbeiterinnen beispielsweise dasselbe T-Shirt, bedruckt mit dem Kita-Logo oder aber mit einem witzigen Aufdruck, der die Einrichtung repräsentiert, erhalten, entsteht ein Gemeinschaftsgefühl von großem Wert. Außerdem können so Eltern und Besucher, vor allem bei Veranstaltungen jeder Art, sofort erkennen, wer zum Team gehört. Eine einheitliche Farbe erfüllt ebenfalls diesen Zweck und lässt mehr Raum für den eigenen Stil.

Fleckenalarm – wenn es doch einmal passiert …

Salz – ein echtes Wundermittel

Die altbewährten Hausmittel helfen fast immer am besten gegen Flecken aller Art. Dass Salz gegen Rotweinflecken wirkt, ist bekannt. Doch nicht nur gegen Rotwein, sondern gegen jede Art von Flecken, die nicht mehr genau zu identifizieren sind, kann Salz helfen. Machen Sie den Fleck nass, am besten mit kohlesäurehaltigem Wasser, und geben Sie einen Teelöffel Salz darauf. Nachdem das Salz über Nacht einwirken konnte, waschen Sie die Kleidung wie gewohnt. Der Fleck ist weg!

Oh Schreck, ein Schokoladenfleck

Naschen ist gelegentlich in jeder Kita erlaubt. Aber was, wenn kleine Schokoladenfinger sich nach Ihrem neuen Pulli ausstrecken? Keine Sorge – so bekommen Sie den Schokoladenfleck wieder weg: Kratzen Sie mit einem Messer vorsichtig die Schokolade ab. Mischen Sie ein wenig reinen Alkohol mit einem Eigelb. Tragen Sie die Mischung auf den Fleck auf, und lassen Sie sie kurz einwirken. Waschen Sie anschließend das Kleidungsstück erst mit kaltem Wasser und anschließend in einer warmen Seifenlauge aus.

Kampf den Kakaoflecken

Gibt es bei Kindergeburtstagen in Ihrer Kita auch immer eine Tasse Kakao für alle? Dann kann es schon einmal vorkommen, dass ein wenig verschüttet wird oder überschwappt. Landet der Kakao auf Ihrem Pulli, sollten Sie bei der Fleckenentfernung Folgendes beachten: Waschen Sie die Kleidung zuerst mit kaltem und anschließend mit warmem Wasser aus. Dann kommt das gute Stück in die Waschmaschine. Betupfen Sie die fleckige Stelle vor dem Waschen in der Maschine noch mit etwas ungesalzenem Kochwasser von Kartoffeln. Sie werden staunen: Wenn Sie das Kleidungsstück aus der Maschine holen, ist der Fleck wie weggezaubert!

Stark gegen Grasflecken

Grasflecken holt man sich schnell, wenn man mit Kindern draußen im Garten tobt und spielt. Und diese Flecken sind meist besonders hartnäckig. Doch mit diesem kleinen Trick haben Grasflecken keine lange „Überlebenschance": Achten Sie darauf, dass vorerst kein Wasser an den Fleck kommt. Lassen Sie den Grasfleck trocknen, und behandeln Sie ihn anschließend mit heißem Wasser und etwas Zitronensaft. Sind die Grasflecken schon älter, hilft folgendes alte Hausmittel: Weichen Sie die beschmutzte Stelle zuerst in Sauermilch ein, und spülen Sie mit frischer Milch nach. So müssen Sie trotz „Grün" nicht gleich „Rot" sehen.

Grasflecken sind besonders hartnäckig? Ja, wenn man den passenden Fleck-weg-Trick nicht kennt, schon.

Übergänge *gestalten*

Übergänge sind Zeiten der Veränderung – im großen oder im Kleinen. Sie sind meist begleitet von Ritualen, die Sicherheit und Wiederholbarkeit vermitteln. Nicht die großen Lebensübergänge, etwa von der Familie in eine Tagesbetreuung, sollen nun einmal hier angesprochen werden, sondern die Übergangssituationen im Praxisalltag der Kindergruppe, die Sie oft viel Kraft kosten. Zwischen Aufräumen und gemeinsamem Frühstück, vor der Turnstunde oder nach dem Mittagessen – immer wieder entstehen Übergänge im Gruppenalltag, die Unruhe oder sogar Chaos entstehen lassen. Je jünger die Kinder sind, desto mehr besteht die Gefahr, dass sie diesen Übergangssituationen ängstlich oder desorientiert gegenüberstehen.

Wie könnten Übergänge also gestaltet werden? Zunächst einmal müssen Sie sich dessen bewusst sein, dass in Übergangssituationen eine gewisse Unruhe aufkommt, die unvermeidlich ist, wenn viele Kinder den Standort wechseln oder eine andere Tätigkeit aufnehmen. Darüber hinaus ist eine vorausschauende Planung dieser bekannten Abläufe unabdingbar. Die hier vorgestellten Ideen können dabei helfen, einige typische Übergangssituationen zu regeln und zu gestalten.

Nicht unterschätzen
Übergänge sensibel zu gestalten – das ist die Königsdisziplin im turbulenten Gruppenalltag. Mit kleinen Ideen und Ritualen können Sie oft schon große Wirkung erzielen …

Gelassenheit

Kleine Ideen, große Wirkung

Den Rhythmus vorgeben

Wenn sich die Kinder an einem Punkt neu sammeln, zum Beispiel im Stuhlkreis nach dem Aufräumen, erhalten Sie schnell die Aufmerksamkeit aller Kinder, wenn Sie beginnen, rhythmisch zu klatschen. Diesen Rhythmus nehmen die Kinder bereitwillig auf. Wenn alle dabei sind, verändern Sie den Rhythmus, so-dass die Kinder sich wieder neu einstellen müssen. Wenn die Kinder daran gewöhnt sind, können Sie später rhythmisches Stampfen oder Patschen dazu einführen. Das kann bis zu einigen kleinen Tanzschritten gehen, die von Klatschen und Stampfen begleitet werden. Danach haben Sie die volle Aufmerksamkeit.

Neue Rollenverteilung

Wenn sich über 20 Kinder, vor allem im Winter, gleichzeitig anziehen, um nach draußen zu gehen, geht es oft drunter und drüber. Einige sind schnell fertig, während andere Hilfe benötigen. Manche größeren Kinder können den Kleinen helfen, aber wiederum nicht alle. Was tun mit den Kindern, die fertig sind und noch nicht losgehen können? Wählen Sie eine Mitarbeiterin aus, die nicht beim Anziehen hilft, sondern die Kinder, die sich angezogen haben, beschäftigt. Das könnte ein Sitzkreis sein, in deren Mitte sie mit der Gitarre einige Lieder begleitet. Es könnten auch die bekannten Fingerspiele gespielt werden, einige Bewegungslieder gesungen oder Rätsel gelöst werden. Wenn Sie etwas finden, was den Kindern gefällt, wird diese Beschäftigung schnell zum Ritual für die Übergangszeit.

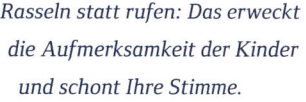

Rasseln statt rufen: Das erweckt die Aufmerksamkeit der Kinder und schont Ihre Stimme.

Zuversicht

Gut zu wissen
Wenn die Gestaltung der Übergänge klar geregelt ist, wissen die Kinder zu jeder Zeit, was zu tun ist, und verlieren erst gar nicht in die Sicherheit und Orientierung.

Der „Warte-Tisch" oder „Schon-fertig-Teppich"

Ihr Programm für eine ausgewählte Kindergruppe beginnt. Einige Kinder sind bereit, müssen aber auf andere warten, die noch mit Essen oder Aufräumen beschäftigt sind. Bieten Sie diesen Kindern einen Wartebereich an, wo sie sich solange beschäftigen können. Das kann ein ungenutzter Teppich sein oder ein Tisch mit einigen Stühlen. In diesem Bereich steht eine Kiste mit kleinen Spielsachen bereit, die ausschließlich zu diesem Zweck, also während der Wartezeit, genutzt werden dürfen. Wenn alle Kinder dann beisammen sind, gibt es kein großes Aufräumen, sondern das Spielzeug wird kurzerhand wieder in die Kiste gelegt, und es kann losgehen.

Welche Idee Sie nun in Übergangssituationen aufgreifen oder ob Sie eine eigene entwerfen, hängt von den individuellen Bedingungen innerhalb der Einrichtung ab.

Kindererziehung ist ein Beruf, wo man Zeit zu verlieren verstehen muss, um Zeit zu gewinnen.

Jean-Jacques Rousseau

Kinder vergessen beim Spielen häufig die Zeit – Da kann ein Ritual helfen, sanft zurückzufinden und den Übergang zur nächsten Tagesphase zu meistern.

Heute ist nicht **Ihr Tag?**

An den allermeisten Tagen läuft bei Ihnen alles rund. Aber manchmal kommt dazwischen ein Tag, der schon morgens zum Scheitern verurteilt scheint. Sie kränkeln vielleicht oder haben sonst einen außergewöhnlich großen Durchhänger …

In Ihr Notfall-Paket für schlechte Tage kommt kein Verbandszeug, sondern eine Handvoll sinnvoller Beschäftigungsmaterialien.

Das Notfall-Paket für schlechte Tage

Bleiben Sie auch in solchen Fällen gelassen! Selbst wenn Sie sich große Dinge vorgenommen hatten – seien Sie gnädig mit sich, und greifen Sie an solch einem Tag ausnahmsweise zurück auf Ihr gedankliches Notfall-Paket! Was das ist? Das sind ein paar gute, pädagogisch sinnvolle Ideen, die Sie in der Kita in der Hinterhand haben, wenn Sie schnelle Unterstützung für das Kinderprogramm benötigen. Im gedanklichen Notfall-Paket könnte enthalten sein:

- ein Buch mit einer Sammlung an Kindergeschichten für jede Gelegenheit. Zur Geschichte könnten die Kinder anschließend ein Bild malen.

- eine Kiste mit Restbeständen an Bändern, Stoffen, Knöpfen, Pappröhren, Naturmaterial oder anderen Materialien, die die Kinder zum Basteln und Spielen verwenden.

- eine Sammlung an Musik-CDs mit Kinderliedern. Die machen automatisch gute Stimmung in der Gruppe und bieten Abwechslung durch Mitsingen oder Mittanzen.

Viele, die bei Kindern sind, tun ihre Pflicht, aber das Herz ist nicht dabei. Das merkt das Kind.

Wilhelm von Humboldt

Was wirklich wichtig ist!

Behalten Sie an guten und an schlechten Tagen stets im Blick, was bei Ihrer Arbeit wirklich wichtig ist: die Kinder! Es schadet nicht, wenn an einem Tag ein Bildungsangebot weniger stattfindet. Solange Sie in einem feinfühligen und positiven Kontakt zu den Kindern stehen und Ihr Herz ganz bei der Sache ist, haben Sie Ihre Hauptaufgabe erfüllt, und den Kindern fehlt es an nichts.
Für diesen herzlichen Kontakt zu den Kindern sollten Sie sich Zeit nehmen. Zeit, die Sie eigentlich gar nicht haben, doch auch Zeit, die Sie brauchen und die für Sie und die Kinder unglaublich wichtig ist, um glücklich zu sein.
Die Tipps im folgenden Abschnitt können Ihnen helfen, die vorübereilende Zeit zu überlisten.

Das A und O: **gutes Zeitmanagement**

Die Zeit vergeht nicht schneller als früher, aber wir laufen eiliger an ihr vorbei. George Orwell

Sie haben Fachwissen, Geduld für die Kinder, eine toll eingerichtete Kita – nur keine Zeit? Dann sollten Sie die Struktur Ihres Arbeitsalltags mal genauer unter die Lupe nehmen. Denn kleine Kniffs und Arbeitshilfen können Ihnen die nötige Luft verschaffen, die Sie brauchen, um gelassen mit den Kindern zu arbeiten oder einfach mal Pause zu machen!

Je besser Sie organisiert sind, desto mehr Zeit haben Sie, um gelassen und entspannt bei den Kindern zu sein.

Atempausen für Erzieherinnen

Manchmal ist es auch gut, wenn Sie gar nicht erst in die Verlegenheit kommen, als Genie das Chaos zu überblicken.

Alles sofort griffbereit

Im Gruppenraum, Materialzimmer oder bei Besprechungen sparen Ordnung und System eine Menge Zeit. Ein „Strukturtag", bei dem Sie gemeinsam mit dem gesamten Team Ordnungssysteme anlegen, ist also eine gute Zeitinvestition – was Sie hier aufwänden, sparen Sie an allen anderen Tagen doppelt und dreifach wieder ein. Das hat System:

Fotos als Wegweiser

Was Kindern beim schnellen Finden und Ordnunghalten hilft, ist auch für Erwachsene nützlich: Machen Sie Fotos von den Dingen, die sich in einem Karton oder einer Kiste befinden, und kleben Sie die Bilder vorne an die Box. So sehen Sie auf einen Blick, wo Kulleraugen, Herbstdekoration oder bunte Stoffe zu finden sind.

Formulare und Vordrucke

Legen Sie sich Ordner an, in denen ausreichend Vordrucke für Telefonnotizen, Elterngesprächsprotokolle usw. zu finden sind. Dann müssen Sie nur zugreifen und sich nicht für jede Notiz einen Zettel neu strukturieren.

Spender statt Chaos

Ob Wolle oder Papier – „von der Rolle" haben Sie einen schnellen Zugriff, und nichts verheddert sich. Einen Wollspender können Sie ganz einfach selbst herstellen: Nehmen Sie Marmeladengläser. Stechen Sie ein Loch in den Schraubverschluss. Nun legen Sie das aufgerollte Wollknäuel in das Glas und fädeln den Anfang durch das Loch im Deckel. Verschließend Sie das Glas, und schon können Sie Fäden ganz nach Belieben herausziehen und zuschneiden.

Schon gewusst?
Die Zeitformel besagt:
Zeit sparen = Nerven sparen

Gebrauch der Zeit, sie geht so schnell von hinnen. Doch Ordnung lehrt Euch Zeit gewinnen.

Johann Wolfgang von Goethe

Bitte nicht stören…
… lassen! Denn Störungen während der Arbeit sind gewaltige Zeiträuber und mächtige Energiefresser.

Ständige Telefonanrufe rauben Ihnen den letzten Nerv, wenn Sie sich keine klaren telefonfreien Zeiten einräumen.

Nicht stören lassen

Häufige „Zeiträuber" sind Störungen Ihrer Arbeit – egal ob das Telefonanrufe sind oder spontane Nachfragen von Kolleginnen. Durch diese Unterbrechungen werden Sie von Ihrer derzeitigen Tätigkeit abgelenkt und beschäftigen sich gedanklich stattdessen mit etwas komplett anderem. Wieder zurück an Ihrer eigentlichen Aufgabe benötigen Sie erneut Zeit, um sich wieder einzudenken und den Faden wieder aufzunehmen. Das raubt Energien und kostet Zeit. Um Störungen vorzubeugen oder in der Situation einer Störung souverän zu reagieren, haben Sie mehrere Möglichkeiten:

Klare Zeiten festlegen

Formulieren Sie klar und deutlich, wann Sie Vorbereitungszeit oder Elternge-sprächstermine festgelegt haben. Diese Zeitplanung sollten Sie auch schriftlich festhalten, damit sich alle Kolleginnen daran orientieren können. In Zeiten, in denen Sie nicht gestört werden wollen, bitten Sie Ihre Kolleginnen, Sie zum Beispiel in der Gruppe zu vertreten oder den Telefondienst zu übernehmen.

Für Besprechungen im Team ist es sinnvoll, Zeiten außerhalb der Betreuungszeiten zu finden. So vermeiden Sie spontane Eltern-anfragen und Störungen durch die Kinder. Außerdem können dann auch alle Mitarbeiterinnen an der Teamsitzung teilnehmen, und der Informationsfluss ist gewährleistet.

Bewusst stille Orte wählen

Führen Sie Eltern- oder Mitarbeitergespräche an einem ruhigen Ort. Im Gruppenraum brauchen die Kinder Ihre volle Aufmerksamkeit. Im Büro besteht immer die Gefahr, dass telefonische oder andere Störungen das Gespräch unterbrechen. Reservieren Sie, wenn möglich, also einen festen Ort, der eine ansprechende Atmosphäre ausstrahlt und vor allem ruhig und „störungs-resistent" ist.

Zeichen setzen

Zeiten, in denen Sie keine Störung wünschen, können Sie auch visualisieren: Hängen Sie ein „Bitte nicht stören"-Schild an die Tür. Befestigen Sie an der Tür des Besprechungsraums für alle gut sichtbar die Kennzeichnung „Hier findet gerade ein Gespräch statt".

Den inneren Schweinehund überwinden

Kennen Sie das? Sie schieben eine Aufgabe nun schon tagelang vor sich her und können sich einfach nicht dazu überwinden, sie endlich anzugehen? Hinter dieser „Bremse" steckt meist eine Botschaft unseres Unterbewusstseins. Es will uns davor schützen, zu scheitern. Unbekannte Aufgaben, schwierige Hindernisse – fremde Situationen sind für uns immer „gefährlicher" als bekannte Gewohnheiten. Um sich selbst dazu zu bringen, Aufgaben zu erledigen, sollten Sie sich dieser Angst stellen. Doch es gibt auch Wege, die innere Weigerung zu überwinden. So kann es Ihnen gelingen:

Zwei Fliegen mit einer Klappe: Mit solch einem Signal schaffen Sie sich Freiräume und bringen andere nicht in die Verlegenheit, in ein Gespräch „hineinzuplatzen".

*Wer sich kleine Etappenziele setzt,
kommt unbeschwerter zum großen Ziel.*

Ausnahmsweise
„Nein, heute will ich nicht!"
Das dürfen Sie sich ruhig
auch hin und wieder einmal
zugestehen.

Aufgaben positiv formulieren

„Ich muss…" hat immer etwas mit Zwang zu tun. Versuchen Sie, die bevorstehende Aufgabe positiv zu formulieren. Das nimmt etwas den Druck und mindert die innere Weigerung. *„Ich darf…"* fördert die positive Einstellung zur Aufgabe.

Schritt für Schritt

Versuchen Sie, sich die Aufgabe in kleine Teilaufgaben aufzuteilen. Nehmen Sie sich für jeden Tag nur einen kleinen Schritt vor. So erscheint die große, kaum zu bewältigende Herausforderung machbar und überschaubar. Ist der erste Schritt getan, können Sie sich am nächsten Tag dem nächsten Schritt zuwenden.

Erfolge wahrnehmen

Feiern Sie kleine Etappenziele. Wenn Sie es geschafft haben, am ersten Tag alle Unterlagen für einen Vortrag herauszusuchen, gönnen Sie sich abends eine besonders gute Tasse Tee. So verknüpfen Sie Ihre Leistung mit einer positiven Verstärkung. Das motiviert, am nächsten Tag die Unterlagen dann nach Themengebieten zu sortieren.

Entspannun

Verantwortung für sich übernehmen

Haben Sie an einem Tag wirklich keine Kraft, Ihre Aufgabe anzugehen, dann sagen Sie das auch klar. *„Nein, heute will ich nicht!"* Mit diesem Satz beziehen Sie klar Position vor sich selbst. Dann müssen Sie sich nicht den ganzen Tag mit einem schlechten Gewissen herumschlagen, das Sie Energie kostet. Für diesen Tag streichen Sie die Aufgabe von Ihrer inneren „To-do-Liste".

Hilfe annehmen

Manchmal kann der „innere Schweinehund" uns auch darauf hinweisen, dass wir Gefahr laufen, uns zu überfordern. Horchen Sie in sich hinein. Ist das der Fall, dann spricht nichts dagegen, sich Hilfe und Unterstützung bei einem Projekt zu holen. Statt den Vortrag selbst mühsam zu erarbeiten, holen Sie sich dann lieber einen Referenten zu Hilfe.

> **Arbeitslast oder Arbeitslust?**
> Lesen Sie in den folgenden Abschnitten, wie wichtig Planung und Struktur sind und wie Sie damit die täglichen Anforderungen meistern. So macht die Arbeit Spaß!

Gut geplant und **schon gewonnen**

Es ist Montagmorgen, und auf Sie warten bereits vielfältige Aufgaben: Der Anrufbeantworter blinkt, auf dem Schreibtisch im Kita-Büro liegen drei Notizen mit der Bitte, sich dazu rückzusprechen, die neue Berufspraktikantin wartet auf ihr Anleitergespräch, die ersten Eltern stehen schon vor der Tür …

Alles, was Sie täglich erledigen, machen Sie mit einem bestimmten Ziel. Wenn Sie nun einfach drauf-losarbeiten, kann es passieren, dass Sie Ihr jeweiliges Ziel aus den Augen verlieren. Eine konkrete Planung der Aufgaben und Ziele kann das verhindern.

Schreiben Sie es sich auf!
So geht nichts verloren.

Mit wirkungsvollen Stress-weg-Tipps den Tag gelassen meistern

Halten Sie Aufgaben schriftlich fest

Bevor Sie also starten, nehmen Sie sich erst einmal die Zeit, alle Aufgaben schriftlich festzuhalten. Notieren Sie sich auch, welches Ziel diese Aufgabe hat, zum Beispiel Abklärung, Informationsaustausch usw. Das verschafft Ihnen einen ersten Überblick. Der so entstandene Tages- bzw. Wochenplan hat noch zwei weitere wohltuende Wirkungen:

- Was Sie aufgeschrieben haben, müssen Sie nicht länger im Kopf behalten. Trotzdem haben Sie dafür gesorgt, dass nichts durchrutscht. Das entlastet.

- Wenn Sie etwas erledigt haben, können Sie es von der Liste streichen. So werden die Aufgaben nach und nach weniger, und das können Sie auf einen Blick sehen. Das erleichtert.

Setzen Sie Prioritäten

Ihre Tagesplanung sollte sich u.a. an der Dringlichkeit einer Aufgabe orientieren. Machen Sie sich also bewusst, was wirklich erledigt werden muss, damit Sie nicht Gefahr laufen, sich Vorlieben und Neigungen hinzugeben, und dann doch wieder „Ungeliebtes" liegen bleibt. Stellen Sie sich bei bevorstehenden Aufgaben darum vorab immer die Fragen, ob eine Aufgabe wirklich wichtig ist und wie dringend sie erledigt werden muss. Eine Hilfe kann Ihnen dabei das so genannte „Eisenhower"-Prinzip sein. Ordnen Sie Ihre täglichen Aufgaben in folgendes Raster ein:

Rot = eilig: Mit kleinen Spickzetteln an der Wand behalten Sie den Überblick und können priorisieren.

	dringend	nicht dringend
wichtig	**A** sofort erledigen	**B** einplanen
nicht wichtig	**C** delegieren	**D** ignorieren

Delegieren erlaubt!
Nicht alle Aufgaben, die anstehen, müssen immer von Ihnen selbst erledigt werden. Bitten Sie Kolleginnen, Sie zu unterstützen, bevor die Aufgabenflut Sie erreicht.

A: Aufgaben, die wichtig und dringend sind, haben Vorrang. Diese erledigen Sie selbst und, wenn möglich, sofort oder noch an diesem Tag.

B: Aufgaben, die zwar wichtig sind, aber nicht dringend, können Sie in Ihre Planung mit aufnehmen und sie dann im Laufe der Woche oder des Monats erledigen.

C: Aufgaben, die zwar dringend, aber nicht wichtig sind, können Sie an eine Kollegin delegieren, die Zeitkapazitäten frei hat.

D: Aufgaben, die weder wichtig noch dringend sind, sollten Sie sofort aus Ihrer Planung streichen. Diese können Sie einfach ignorieren.

Gut geplant: So werden aus Stolpersteinen Treppenstufen …

Tipp für frühe Vögel

Achten Sie als Morgenmensch darauf, alle entscheidenden Gespräche, soweit es geht, am Vormittag zu erledigen. Planen Sie für den Nachmittag dagegen vor allem Routineaufgaben ein.

Achten Sie auf Ihre persönlichen Bedürfnisse

Neben Dingen, die Sie konkret planen und organisieren können, sollten Sie auch auf eigene Bedürfnisse achten. Nur wenn Sie sich selbst, Ihre Stärken und Energien und Ihren Rhythmus im Blick haben, können Sie auch effektiv arbeiten. Beobachten Sie sich doch einmal in Ruhe: Wann fällt Ihnen das Arbeiten am leichtesten? Sind Sie jemand, der morgens besonders schnell und konzentriert Dinge angeht, und lassen Ihre Energien im Laufe des Tages nach? Dann sind Sie ein Morgenmensch. Machen Sie hingegen die gegenteilige Beobachtung: Sie haben am Morgen eher Schwierigkeiten, sich zu konzentrieren. Erst am Nachmittag erwachen Ihre Lebensgeister so richtig. Dann sind Sie ein Abendmensch. Vergleichen Sie Ihre Selbsteinschätzung mit der folgenden Leistungskurve. Finden Sie sich wieder?

Der Morgenmensch

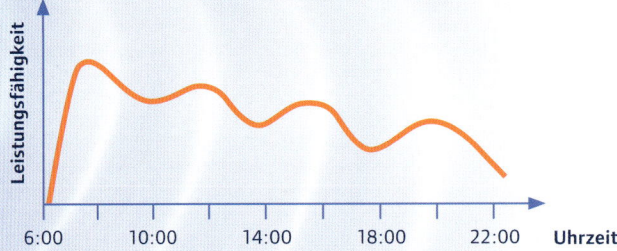

Der Abendmensch

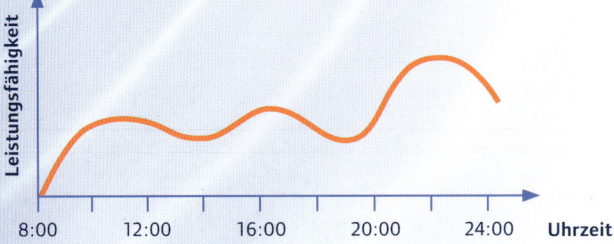

2. Sie sind ein Teamplayer – aus gutem Grund

Ihr Team braucht **Sie**!

Gedankenübung: Ihr Team als Kette

Sicher kennen Sie die Binsenweisheit: „Eine Kette ist nur so stark wie ihr schwächstes Glied."

Machen Sie dazu eine kleine Übung, und lassen Sie ein inneres Bild entstehen, indem Sie sich Ihr Team einmal als Kette vorstellen. Die Kette kann sehr unterschiedliche Kettenglieder haben: kleine, große, dicke, schmale, silberne oder farbige. Das stört ihre Funktion nicht. Wichtig ist, dass alle Glieder ineinandergreifen, um etwas zu halten, zu ziehen oder zu sichern.

Und so verhält es sich auch mit Ihrem Team. Jedes Teammitglied unterscheidet sich in Aussehen, Charaktereigenschaften und Begabungen stark von den anderen. Wenn aber alle gut ineinandergreifen, also Kontakt zueinander aufnehmen und halten, kann letztendlich etwas Großes bewegt werden.

Keiner im Team muss sich dazu verbiegen. Lediglich müssen die Lasten und Aufgaben so geschickt verteilt werden, dass niemand zu stark strapaziert wird. Orientierung bietet hierbei das sogenannte „schwächste Glied".

Ihrem Team muss es gelingen, alle so zu beteiligen, dass kein schwaches Glied entstehen kann. Das verlangt die Wertschätzung und den vollen Einsatz aller Mitarbeiter.

*Wie wertvolle Perlen – Jede Kollegin ist
ein unverzichtbares Glied einer Kette.*

Denken Sie daran: Ihr Team besteht ganz und gar nur aus seinen Einzelteilen – und Sie sind eines davon! Gestalten Sie also aktiv Ihr Team mit. Einige Ideen dazu erhalten Sie hier.

„You are here"

Sicher haben Sie auch schon einmal ihren Standpunkt auf einer Stadt- oder Wanderkarte anhand eines roten Pfeils oder Punktes gefunden. Doch nicht immer, wenn sich Ihr Körper an einem bestimmten Platz befindet, sind Ihre Gedanken und Gefühle auch vor Ort. Helfen Sie Ihren Kolleginnen und sich selbst dabei, bewusst mit Körper, Geist und Seele in der Kita anzukommen, indem Sie auf ein Blatt Papier einen roten Punkt malen. Darunter schreiben Sie die einfachen Worte: *You are here!* Dann hängen Sie das Papier gut sichtbar im Mitarbeiterzimmer auf.

Warten Sie gespannt auf Reaktionen im Team, oder fragen Sie die eine oder andere Kollegin, was der Satz in ihr auslöst. Vielleicht werden Sie selbst bald spüren, dass Sie Belastendes fallen lassen und besser gänzlich an Ihrer Arbeitsstelle ankommen können, wenn Sie ihn morgens lesen.

„You are here" – Wenn Sie sich das täglich morgens sagen, dann verlieren Sie sich sicher nicht in Ihrem eigenen Gedankenlabyrinth.

Der **Spruch** der Woche

Auf mit dem Wind und davon – manchmal macht man die schönsten Entdeckungen, wenn man sich treiben lässt.

Einfache, gelesene Worte oder Zitate können uns bewegen – vor allem zum Nachdenken, Umdenken und Reflektieren. Das alles ist in Ihrer Arbeit wichtig.

Der „Spruch der Woche" kann dabei helfen, dass alle Teammitglieder nicht nur für sich nachdenken, sondern auch miteinander zu wichtigen Themen immer wieder ins Gespräch kommen – und das ganz nebenbei. Hängen Sie ganz einfach jede Woche den Satz eines Pädagogen, ein Zitat eines Philosophen oder eine Lebensweisheit im Mitarbeiterzimmer auf. Hier finden Sie Beispiele für den ersten Monat:

> *„Ein freundliches Wort kostet nichts, und dennoch ist es das schönste aller Geschenke".* Daphne du Maurier
>
> *„Die besten Dinge im Leben sind nicht die, die man für Geld bekommt."* Albert Einstein
>
> *„Wer den Hafen nicht kennt, in den er segeln will, für den ist kein Wind der richtige."* Lucius Annaeus Seneca
>
> *„Das Leben anzuregen – und es sich dann frei entwickeln zu lassen – hierin liegt die erste Aufgabe des Erziehers".* Maria Montessori

Immer wieder werden so sicher Ansätze in einzelnen Mitarbeitern entstehen, Dinge neu zu betrachten und anders auf Menschen zuzugehen. Mit Hilfe von Internetsuchmaschinen finden Sie unter den Stichworten Zitate, Sprüche oder Weisheiten einen Fundus an Ideen für den „Spruch der Woche".

Zuversicht

Berufliche und private **Trennschärfe**

Aus der Praxis

„Wir arbeiten so eng und super jeden Tag zusammen. Ich treffe mich gern auch mal privat mit den Leuten aus dem Team – endlich mal ungestört reden!"

„Also meine Kolleginnen sehe ich eh öfter als meine Familie. Und jetzt auch noch abends oder am Wochenende? Nein, danke! Teamsitzungen reichen."

Wie trennscharf Sie Beruf und Privates handhaben, entscheiden Sie selbst.

Wie diese Zitate zweier Erzieherinnen zeigen, gehen die Meinungen über Treffen, Feste und Feiern im Team stark auseinander. Das kann folgende Hintergründe haben:

- Erzieherinnen investieren meist bereits viel Zeit in den Abendstunden und am Wochenende für die Kita. Die Grenze zwischen Privatleben und Arbeit verläuft dadurch undeutlich.

- Obwohl Kolleginnen im Team professionell zusammenarbeiten, teilen sie nicht automatisch die gleichen Lebenseinstellungen und wollen nicht privat befreundet sein.

- Beide Lebensbereiche könnten in ihren Interessen kollidieren, und es kann so zu beruflichem und privatem Ärger kommen, obwohl eigentlich nur ein Lebensbereich betroffen ist. Darum trennen viele Erzieherinnen gerne den Kollegenkreis vom Freundeskreis.

Es ist zunächst wichtig, eindeutig zwischen beruflichem Treffen und privatem Zusammensitzen zu unterscheiden. Wo die Grenze zwischen beidem verläuft, muss allen Kollegen klar sein.

Ein Glas Wein nach Feierabend zusammen trinken – das kann unter befreundeten Kolleginnen schön sein, darf aber nicht zum Pflichtprogramm fürs ganze Team gemacht werden.

Wahren Sie die Grenze – So geht's!

Wenn im Vorfeld klare Absprachen getroffen werden, kann jede Mitarbeiterin selbst entscheiden, wie viel Zeit sie investieren möchte.

Erstes Beispiel:

Eine Kollegin hat Geburtstag, und Sie bereiten einen kleinen Umtrunk nach Ende der Kinderbetreuungszeiten für sie vor. Einige Tage zuvor haben Sie alle Mitarbeiterinnen informiert, dass die Geschenkübergabe und der Umtrunk eine Viertelstunde dauern wird. Nach dieser Zeit ist ausdrückliches Dienstende. Wer länger bleiben möchte, tut das aus privaten Gründen.

Zweites Beispiel:

Sie haben im nahegelegenen Gasthaus zum Elternstammtisch eingeladen. Der zeitliche Ablauf wird vorher besprochen. Zwei Stunden sind für die Mitarbeiterinnen dienstlich abzuleisten. Alles, was darüber hinausgeht, ist Freizeit jeder Einzelnen.

Gut und professionell: *Teampflege*

Ganz natürlich entwickeln sich hin und wieder Freundschaften unter einzelnen Kollegen oder auch mit Eltern. Das ist gut und richtig – aber Privatsache!

Dienstlich sollte für alle Kindertagesstätten gelten: Es muss eine Kultur der „Teampflege" vorhanden sein. Diese findet selbstverständlich über die ohnehin benötigten organisatorischen Teamsitzungen hinaus statt. Planen Sie solche Treffen unter professionellen Gesichtspunkten – und damit ohne schlechtes Gewissen – während der Arbeitszeit.

Auf einen Blick: Methoden zur Teampflege

- **Klausuren, Inhouse-Seminare, Pädagogische Tage:**
  Ein Team sollte sich immer wieder gemeinsam neue Inhalte erarbeiten und so alle Mitarbeiter auf den gleichen Wissens- oder Erfahrungsstand bringen.

- **Kollegiale Beratung:**
  Systematische Beratungsgespräche helfen einzelnen Kollegen, mit dem Team gemeinsam Lösungen zu erarbeiten.

- **Erprobte Modelle der Konfliktlösung und Streitkultur:**
  Auseinandersetzungen gehören zum beruflichen Alltag. Im Team müssen sie reflektiert und lösungsorientiert behandelt werden.

- **Team-Supervision:**
  Außenstehende können durch ihren anderen Blickwinkel neue Impulse ins Team bringen.

Ein Geburtstagsgeschenk für die Kollegin ist eine nette Aufmerksamkeit, die Freude und Motivation schenkt.

- **Teamessen, Weihnachtsfeier oder Teamfrühstück:**
  Gemütliches Beisammensein stärkt und verbindet das Team durch den ungezwungenen Rahmen.

- **Mitbringsel, kleine Geschenke:**
  Nach Festen oder am Geburtstag sind kleine Aufmerksamkeiten ein Zeichen der Wertschätzung.

- **Betriebsausflüge:**
  Sie bieten die Möglichkeit, Kollegen einmal von einer ganz anderen Seite kennenzulernen bzw. zu erleben.

- **Lob und Ermutigung untereinander:**
  Wertschätzung dadurch, dass die eigenen Bemühungen von den Kolleginnen bemerkt und Erfolge honoriert werden, ist die stärkste teambildende Maßnahme.

Wie die Beispiele zeigen, liegen die Ressourcen, um ein Team stark zu machen, oft im Team selbst. Ein Beispiel dafür ist auch die interne Teamfortbildung.

Reichen Sie doch einen Mut-mach-Stein weiter, wenn eine Kollegin vor einer besonderen Herausforderung steht. So zeigen Sie Ihre Anteilnahme und geben Zuspruch.

Interne Teamfortbildung

Einzelne Teammitglieder verfügen, sicher auch in Ihrem
Team, oftmals über ein Spezialwissen, das andere nicht
haben. Sei es die Begabung zum Werken mit Holz oder die
Einschätzung der Kinder anhand neuer Beobachtungsbögen,
mitgebracht aus der letzten Fortbildung. Dieses Wissen sollte
mit einer einfachen Fortbildung im „Mini-Format" ins Team
transportiert werden. Denn das hat zwei ausschlaggebende
Vorteile:

- Alle Teammitglieder wissen nun um die Fähigkeiten
  der Kollegin und können sie um Rat und Hilfe bitten.

- Neueste Erkenntnisse werden weitergegeben und können fortan
  von allen beachtet und angewendet werden.

So funktioniert es!

Zu Beginn des Kita-Jahres könnten Sie in der ersten Teamsitzung gemeinsam
zehn Termine für interne Fortbildungen festlegen. Auf einer Liste sollen sich
dann interessierte Mitarbeiterinnen als Referentinnen mit ihrem Thema ein-
tragen. Auch Wunschthemen Einzelner können festgehalten werden. Eventuell
entschließt sich eine Kollegin dazu, sich in das gewünschte Thema einzu-
arbeiten und es vorzustellen.

Eine interne Fortbildung kann selbstverständlich keinen Schließungstag
in Anspruch nehmen, damit das ganze Team teilnehmen kann. Sie muss nach
Ende der Öffnungszeiten der Einrichtung stattfinden. Darum sollte sie sich
auf die wichtigsten Inhalte beschränken und zeitlich eine bis drei Stunden
in Anspruch nehmen – je nach Thema. Ein gutes Hilfsmittel, um zeitlich im
Rahmen zu bleiben, ist das „Handout" oder die Handreichung.

Wie wäre es mit einer Mini-
Fortbildung zum Thema
„Übergänge"? Als erfahrene
Kollegin haben Sie sicher
etwas dazu beizutragen.

Zufriedenhe

Wie wäre es mit einer Teambesprechung im Garten? Das gibt Ihnen bestimmt ganz neue Inspiration.

Handout

Ein Handout kann aus Texten, Bildern und Grafiken bestehen, die der inhaltlichen Vorbereitung auf die Fortbildung dienen. Es sollte ca. eine Woche vor dem vereinbarten Termin von der Referentin ausgeteilt und von den Teilnehmern gelesen werden. Eine andere Möglichkeit der Verwendung des Handouts besteht darin, die wichtigsten Inhalte oder weitere sinnvolle Ergänzungen auf dem Papier zusammenzufassen und den Teilnehmern am Ende des Vortrags mitzugeben. So bleibt das Team das ganze Jahr über an gemeinsamen Themen dran und erweitert stetig seinen Wissenshorizont.

Teamsitzung mal woanders

In der Kita sind Sie sonst ständig. Wie wäre es, wenn Sie zwischendurch besondere Highlights bei Besprechungen setzen? Die letzte Teamsitzung im Kalenderjahr verlegen Sie beispielsweise in ein gemütliches Teehaus, die Dienstbesprechung vor den Sommerferien in den Garten. Das macht Spaß und schafft eine neue Sichtweise – im wahrsten Sinne des Wortes.

Unverzichtbar: das Wir-Gefühl

„Ein gutes Team zu haben, ist eine wirklich tolle Sache", findet Marion, die seit fünf Jahren in einer Kinderkrippe arbeitet. Darum ist es wichtig, eine gute Zusammenarbeit nicht nur zu genießen, sondern auch die Beziehungen zu

den Kolleginnen und Kollegen zu pflegen. Ein „Wir-Gefühl" entsteht, wenn es gemeinsame Ziele gibt und eine Atmosphäre gegenseitiger Wertschätzung im Team herrscht. So tun Sie was für guten Zusammenhalt:

Heute schon gelobt?

Kennen Sie das Sprichwort „Nichts gesagt ist schon genug gelobt"? Dabei wirken positives Feedback, Lob und Ermutigung wie ein Lebenselixier. Wenn Sie also bei einer Kollegin feststellen, dass sie besonders gut mit einer schwierigen Situation umgegangen ist oder eine tolle Idee für eine Sommerdeko hatte – dann zögern Sie nicht, und sagen Sie ihr, dass Ihnen das gefällt!

Kleine Geschenke erhalten die Freundschaft

Nette Aufmerksamkeiten erfreuen jeden. Damit es nicht einseitig wird, können Sie zwischendurch mal eine „Aktion Geschenkesack" im Team starten. Bitten Sie alle Kolleginnen und Kollegen, ein kleines Präsent im Wert von fünf Euro mitzubringen. Nach der nächsten Teamsitzung werden all diese Geschenke in einem Sack gesammelt, und jedes Teammitglied darf ein Päckchen herausfischen. Ausgepackt wird zusammen. Das sorgt für Gesprächsstoff, für kleine Glücksmomente und vielleicht auch für das eine oder andere Schmunzeln.

Wenn's mal nicht passt

Sich für Kolleginnen einsetzen, sich gegenseitig unterstützen und kleine Gefallen tun – das stärkt das Team und schafft Arbeitsmotivation. Doch nicht immer passt es, wenn eine Kollegin ein Anliegen an Sie hat. Gerade im sozialen Bereich gibt es aber besonders viele Mitarbeiter, die immer alles für andere erledigen oder um des lieben Frieden willens Ja sagen. Achtung: Sie dürfen auch mal Nein sagen! Eine Ablehnung stört nicht unbedingt die Harmonie im Team oder schafft schlechte Stimmung. Es

Ein kleiner Strauß Blumen als Anerkennung für die Kollegin – das schafft Glücksgefühle und Harmonie im Team.

Gelassenheit

kommt darauf an, wie Sie Nein sagen. Üben Sie Ihre Neins doch vor einem Spiegel: Ihr Nein sollte klar, fest und freundlich klingen. Ein zögerliches Nein wird schnell ignoriert. Zeigen Sie trotz Nein Respekt vor dem Anliegen Ihres Gegenübers. Die folgenden Beispiele veranschaulichen, wie Sie respektvoll, aber bestimmt Nein sagen:

> Setzen Sie Grenzen, und seien Sie sensibel dabei. Dann wird man Sie verstehen.

Die Kunst des Neinsagens

Sie haben gerade viel um die Ohren. Da kommt eine Kollegin mit einer Frage, die sie mit Ihnen diskutieren will, zu Ihnen. Sie können Ihr sagen: „Nein, tut mir leid. Im Moment geht es nicht. Passt es dir, wenn wir die Frage am Ende des Vormittags besprechen?"

Eine Kollegin bittet Sie, in einem Konflikt zwischen ihr und einer Kollegin zu vermitteln. Der Gesprächstermin überschneidet sich mit einem anderen wichtigen Termin. Sie lehnen freundlich ab: „Ich freue mich, dass du mir das zutraust. Leider kann ich an dem veranschlagten Termin aber nicht."

Sie sind mit den Kindern gerade mitten im Morgenkreis. Eine Kollegin kommt in den Gruppenraum und bittet Sie, ihr einige Bastelutensilien auszuborgen. Sie vertagen Sie mit ihrem Anliegen auf einen späteren Zeitpunkt: „In zehn Minuten sind wir fertig. Dann kannst du gerne mit deinem Anliegen noch einmal kommen. Ich bin gespannt, was du mit dem Buntpapier vorhast."

Austausch und Absprachen **im Team**

Gemeinsam an einem Strang ziehen – das macht ein Team so besonders wertvoll und wichtig. Denn zusammen finden sich leichter und schneller Lösungen und Vorschläge, weil mehr Köpfe mitdenken. Nutzen Sie also die Kraft des Teams für sich! Kollegiale Beratung ist eine Möglichkeit, Lösungen für Schwierigkeiten gemeinsam zu finden.

Wenn Sie mit einem Problem nicht mehr weiterwissen: Suchen Sie Hilfe in Ihrem Team, und finden Sie gemeinsam eine Lösung.

Kollegiale Beratung – so geht's:

Wer übernimmt was?
Klären Sie am Anfang der Beratung, wer sein Problem vorbringen möchte, wer Rat gibt und wer die Beratung moderiert. So hat jeder eine klare Aufgabe.

Fallvorstellung:
Ein schwieriger Fall wird vorgestellt. Wenn die Kollegin damit fertig ist, können die anderen nachfragen, wenn sie etwas nicht verstanden haben. Dabei bleiben alle sachlich und interpretieren nichts.

Hypothesen und Ratschläge:
Das beratende Team äußert nun Vermutungen und Einschätzungen. Dabei hört die Kollegin, die den Fall eingebracht hat, nur aufmerksam zu. Anschließend werden Lösungsideen formuliert.

Lösung gefunden?
Die Ratsuchende fasst am Ende der Beratung zusammen, was sie von den Vorschlägen mitnehmen kann, und bedankt sich beim Team für die Beratung.

*Mit bewährten Kreativtechniken
fügen sich gute Ideen schnell
wie Steine in einem harmonischen,
bunten Mosaik zusammen.*

Kreativ sein auf Kommando

Falls die Ideen nicht sofort nur so sprudeln: Mit den folgenden drei Techniken lässt sich die Kreativität im Team anfachen:

Kopfstand-Methode

Stellen Sie Ihre Fragestellung doch einfach einmal auf den Kopf. Fragen Sie nicht: „Welches Thema könnten wir den Eltern beim nächsten Elternabend anbieten?", sondern: „Welches Thema wollen wir den Eltern vorenthalten?" Diese Provokation löst humorvolle und ironische Diskussionen aus und hilft Ihnen, der Lösung „von hinten herum" auf die Spur zu kommen.

Ideenlandkarte

Kreativität hat viele Gesichter. Manchmal ist es leichter, sich schöpferisch auszudrücken und Ideen erst mal ohne Worte zu Papier zu bringen. Legen Sie einen großen Bogen Papier in die Mitte des Tisches, und geben Sie jeder Kollegin einen Stift. Nun dürfen alle draufloskritzeln. Aus den Bildern entsteht eine kreative Landkarte. Auf welche Idee bringen Sie die Zeichnungen?

„Speed-Brainstorming"

Hier gibt es kein „Falsch" oder „Richtig", sondern nur Blitzgedanken, die alle gesammelt werden. Stellen Sie ein Flipchart auf. Schreiben Sie als Überschrift die Fragen auf, für die Sie eine Lösung oder Ideen suchen. Jetzt muss es schnell gehen. Alle Teammitglieder rufen Ihnen Schlagwörter, Vorschläge, Anregungen zu. Notieren Sie alles, ohne zu bewerten. Am Ende werden die Ideen ausgewertet. Sicher ist etwas Brauchbares dabei!

Freude

3. Der Gruppenraum –
Ihr Lieblingsort

Raumgestaltung *zum Wohlfühlen*

Ein Wohlfühlort für Groß und Klein – das sollte Ihr Gruppenraum sein. Um dieses Ziel zu erreichen, können Sie einiges tun. In helle, freundliche Räume mit überschaubarer Gliederung gehen Sie sicherlich lieber als in eintönige laute Hallen. Wenden Sie diesen Wohlfühlkompass auch für Ihren Gruppenraum an. Gestalten Sie den Raum so,

● **dass er „geräuscharm" ist:** In Kindergruppen geht es natürlich nicht immer mucksmäuschenstill zu. Doch gerade hohe Lärmbelastung mindert die Konzentrations- und Leistungsfähigkeit, belastet das Gehör und hat negative Auswirkungen auf unser Immunsystem. Am besten dämmen bauakustische Maßnahmen, wie verkleidete Decken und Wände, den Schall ein. Bis der Träger tätig wird, können Sie zum Beispiel Filzgleiter an Stuhl- und Tischbeine kleben oder hohe Räume durch Stoffe an den Decken abhängen. Das nimmt schon mal die Geräuschspitzen und tut den Ohren gut!

● **dass er freundlich, aber nicht überladen wirkt:** Achten Sie darum darauf, dass Sie gemeinsam mit den Kindern Wände, Fenster und Türen zwar bunt gestalten, aber immer wieder auch Dinge abnehmen oder weglassen. Sonst entsteht eine Reizüberflutung, die nicht nur unsere Sinne überstrapaziert, sondern auch uns gereizt macht.

● **dass er gut aufgeteilt ist:** Das gelingt Ihnen durch Raumteiler und Teppiche, die Bereiche auf dem Boden markieren. Besonders angenehm teilt eine zweite Ebene den Raum auf. Durch abgetrennte Bereiche entstehen das Gefühl der Geborgenheit und die Gelegenheit für Rückzug. Das entspannt Kinder und Erzieherinnen.

Sie haben hohe Decken und große Fenster? Wunderbar! Lassen Sie die Sonne Ihre Räume mit Licht fluten.

Ein Rundumblick

auf Augenhöhe

„Katrin, schau mal da oben. Das heißt Tigergruppe, oder?" Pascal hüpft
an der Tür zum Gruppenraum in die Höhe, um die Erzieherin auf das Türschild
aufmerksam zu machen, das weit oberhalb seiner Reichweite hängt.
Ihre Augenhöhe ist nicht die Augenhöhe der Kinder. Bedenken Sie das bei der
Gestaltung und der „Verschriftlichung" der Einrichtung. Machen Sie sich also
immer wieder die Mühe, und gehen Sie auf Knien durch die Gruppenräume,
um die Gestaltung der einzelnen Bereiche auf Kinderhöhe zu betrachten und
zu beurteilen, ob alles auf niedriger Höhe angebracht ist, was die Kinder
erreichen soll.

Für wen ist was?

Wichtige Aushänge, Wochenpläne oder Informationen über Mitarbeiter im
Gruppenraum sind als Information für die Eltern gedacht. Plakate mit Regeln
für den Gruppenalltag oder der Kinderkalender gehen an die Adresse der
Kinder. Unterscheiden Sie diese beiden Adressaten: Eine Elterninformation
kann gänzlich ohne kindliche Gestaltungselemente auskommen und sollte ent-
weder in nüchterner Handschrift gehalten oder ausgedruckt sein. Selbstverständlich kann dennoch ein Comic oder Ähnliches auflockernd wirken. Elemen-
te für die Kinder dürfen dagegen farbenfroh und kindlich ansprechend sein.

*Kinderräume sind auch Räume,
in denen Kinder Spuren hinterlassen
dürfen. Aber bitte auf Augenhöhe …*

Entspannung

*Hier spielen Kinder,
und das darf ruhig
jeder sehen. Nur Mut zu
kreativen Ideen für
drinnen und draußen!*

Trauen Sie sich,
***Raumgestalter** zu sein!*

Würden Sie sich bei der Auswahl von Fußböden, Wandfarben oder Einrichtungsgegenständen, wie Möbeln, am ehesten für etwas Neutrales, das jeder „lange sehen kann", entscheiden? Warum? Beziehen Sie doch besser Position, und sagen Sie Ja zu dem schicken dunklen Boden an Stelle des hellgrau gesprenkelten. Wählen Sie die bunt gestreiften Vorhänge statt der hellgelben, und entscheiden Sie damit tatsächlich etwas, anstatt sich mit einer nichtssagenden Auswahl um die Entscheidung zu drücken. Sie haben Vorlieben und einen guten Geschmack. Zeigen Sie diesen als Gestalterin des Raumes, den Sie tagsüber bewohnen. Ihre „Handschrift" darf und soll zu erkennen sein.

Zimmerpflanzen „arbeiten" für Sie!

Grün, entspannend und gesund

Grün ist die Farbe der Natur und der Hoffnung. Beim Anblick von grün entspannt man automatisch. Zimmerpflanzen sind nicht nur aus diesem Grund ein wichtiges gestalterisches Element in den Gruppenräumen der Kita. Sie haben auch unglaubliche Fähigkeiten, was die Verbesserung der Raumluft, also das gesunde Klima für die Kinder, betrifft. Sie filtern Schadstoffe aus der Luft – je größer die Pflanze, desto mehr. Wählen Sie besser wenige große Exemplare, die optisch „etwas hermachen" als viele kleine Töpfe, die viel Arbeit bedeuten, weil sie häufig zu gießen, zu säubern und umzutopfen sind.

Augen auf beim Pflanzenkauf

Erkundigen Sie sich in der Gärtnerei Ihrer Wahl genau nach den Eigenschaften der Pflanze, die Sie kaufen wollen. Welche Temperatur benötigt sie? Wie empfindlich reagiert sie auf Berührungen? Sind eventuell einzelne Pflanzenteile giftig, oder löst die Pflanze häufig Allergien aus?

Für die Pflanze sorgen

Die passende Pflanze für Ihren Gruppenraum kann aber nur dann wirkungsvoll für Sie arbeiten, wenn sie gesund und gut gepflegt ist. Kümmern Sie sich darum ausreichend um Ihre Pflanzen. Stauben Sie die Blätter der Pflanzen regelmäßig ab. Achten Sie darauf, dass sich kein Schimmel in und an Erde und Blumentopf bildet, und entfernen Sie welke Blätter oder gar Schädlinge. Falls Sie selbst nicht über den grünen Daumen verfügen, bitten Sie eine in Pflanzenpflege versierte Kollegin, die Ihnen anvertrauten Pflanzen mit zu pflegen, oder beauftragen Sie eine Gärtnerei damit, ein- oder zweimal im Jahr bei Ihnen vorbeizuschauen und „Pflanzendoktor" zu spielen.

Belebend, dekorativ und ganz ungiftig: Petersilie wächst und gedeiht ohne große Ansprüche.

Tipp gegen „Topfgräber"
Damit kleinere Kinder nicht in der Blumenerde buddeln, können Sie einfach einen Feinstrumpf von unten über den Blumentopf ziehen und an der Pflanze zusammenbinden. So ist die Erde kindersicher verpackt!

Raus mit Altlasten – **Misten** Sie aus!

Stress pur: Überladene Räume nehmen Ihnen und den Kindern den Raum für freie, kreative Ideen und Inspiration.

Mut zu neuen, ordentlichen Freiräumen

Ganz klar, dass Erzieherinnen alles irgendwann einmal wieder gebrauchen können. Aus diesem Grund neigen sie oft dazu, alles, von Materialien über Alltagsgegenstände bis hin zu vermeintlich Wertlosem, zu horten. Arbeiten Sie dagegen an. Befreien Sie Ihre Gruppe vom Ballast, der seit Jahren angesammelten Zeitschriften, Matratzen, Stoffreste, Werbegeschenke, alten Möbel oder des sonstigen Krimskrams, und schaffen Sie so neue Freiräume. Misten Sie vergessene „Ramsch-Ecken" rigoros aus! Der neugewonnene Platz wird Sie und die Kinder inspirieren.

Zufriedenheit

Im Gruppenraum sollte eine übersichtliche Einteilung herrschen, die eine Struktur erkennen lässt. Sortieren und ordnen Sie Spielsachen stets ein, und beschriften und bebildern Sie die dafür verwendeten Kästen und Schubladen.

Dekorieren, aber richtig

Befreien Sie routinemäßig immer wieder auch die Wände von allem, und nehmen Sie Dekorationen ab, die an der Decke hängen. So können leichter neue gestalterische Ideen aufkommen, und verstaubte Haselnusszweige mit der Deko vom vorletzten Sommerfest gehören der Vergangenheit an. Wenn Ihr Raum viele hohe Wände hat, könnten Sie überlegen, einmalig eine gewisse Summe in ein schönes, ansprechendes Wandbild zu investieren, das zur Gruppe und zur Einrichtung passt. Damit entheben Sie sich dem Zwang, das ganze Jahr über riesengroße Wandflächen „bebasteln" zu müssen.

Ein Wandbild von Kinderhand – das ist ein langlebiger Hingucker für Ihren Gruppenraum.

Ausblicke schaffen

In einem Raum, der den Blick nach draußen freigibt, fühlt man sich automatisch wohler. Bemalen oder bekleben Sie darum die Fensterscheiben nicht zu stark mit Motiven. Das verhindert den ungestörten Ausblick nach draußen. Kinder lieben es, das Treiben im Garten, Hof oder auf der Straße zu beobachten und dem Auto der Mutter zum Abschied hinterherzuwinken. Gestalten Sie den Raum so, dass mindestens ein Fenster frei und auch für die Kinder erreichbar ist und sie dort ungestört ins Freie schauen können.

Lassen Sie
frischen Wind
in ihre Räume…

Spiegel vergrößern den Raum nicht nur optisch – sie sorgen auch dafür, dass Kinder sich im Alltag immer wieder neu entdecken können.

Arbeiten mit Licht und Luft

So banal es klingt: Machen Sie die Fenster in Ihrem Gruppenraum regelmäßig auf – und schon haben Sie was für Ihr Wohlbefinden getan. Denn durch regelmäßiges Lüften sorgen Sie für ausreichend frischen Sauerstoff. Das ist bei einer Gruppe von Menschen besonders wichtig. Räumen Sie außerdem die Flächen vor den Fenstern frei. Zugängliche Fenster sorgen nicht nur dafür, dass die Fenster schnell geöffnet werden können, sondern machen den Raum ausreichend hell. Sonnendurchflutete oder gut ausgeleuchtete Räume wirken freundlich und sorgen für Harmonie und Geborgenheit.

Vergrößern Sie den Gruppenraum optisch

Das geht ganz einfach. Bringen Sie bruchsichere Spiegel auf unterschiedlichen Höhen an. Die Kinder werden begeistert sein von den vielen Spielmöglichkeiten, die sich damit ergeben. Bauwerke vor einem Spiegel zu erstellen, eröffnet ganz neue Perspektiven. Sich selbst und andere darin zu beobachten, ebenso.

Kleine Luke, großer Ausblick – auch mit solchen gestalterischen Ideen schaffen Sie spannende Möglichkeiten zur Raumwahrnehmung und Raumaufteilung.

Der „gute Platz"

Sie sind Beobachterin, Ko-Konstrukteurin, Bezugsperson, Spielinitiatorin usw. Damit Sie all diese Rollen im Gruppenalltag gut ausfüllen können, brauchen Sie einen Platz im Gruppenraum, der

- Überblick verschafft: So können Sie alle Kinder gut im Blick behalten.

- Ihnen die Möglichkeit gibt, sich zurückzunehmen: nämlich dann, wenn die Kinder Ihre Spielimpulse aufgegriffen haben.

- Ihnen gut tut: So können Sie auf dem Platz auch für eine längere Zeit ausharren, um zu beobachten, zu dokumentieren usw.

Wählen Sie darum einen möglichst **zentralen Platz im Gruppenraum** als „Ihren Platz" aus. Besorgen Sie sich einen besonderen Erzieherinnenstuhl, der ergonomisch geformt und höhenverstellbar ist. Die Rollen des Stuhls sollten gut gleiten, um sich aus dem Geschehen auch mal schnell „wegzurollen" und Kinder selbstständig weitermachen zu lassen. Dabei sollten die Rollen aber auch feststellbar sein, um dann, wenn Sie am selben Platz eine Weile bleiben, nicht aus Versehen einem Kind über Finger oder Füße zu rollen. Übernimmt der Träger die Kosten nicht, können Sie beim Rententräger oder Arbeitsamt einen Zuschuss dafür beantragen.

Jeder sieht ihn, und von dort aus sieht man alles. Verstehen Sie Ihren Platz als Leuchtturm der Gruppe.

Zuversicht

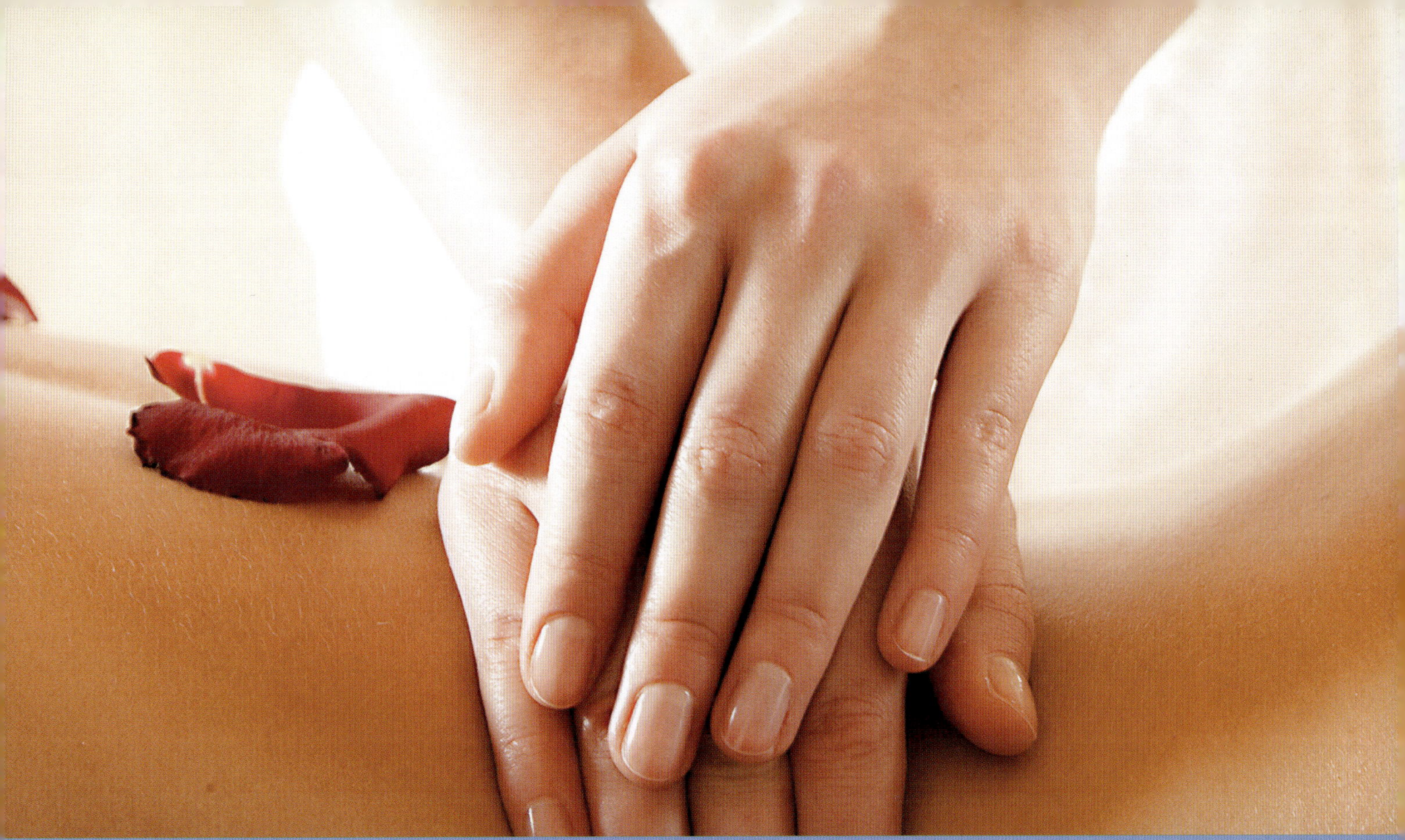

4. Haltung bewahren – Stärken Sie Rücken, Hüfte und Co.

Wie ein Schatten des Erzieherinnen-Daseins: Doch nehmen Sie Rückenschmerzen nicht auf die leichte Schulter.

Das Kreuz mit dem Kreuz

Rückenkraft erhalten

„Ich hebe und trage Kinder, sitze auf kleinen Stühlen oder dem Boden und bücke mich häufig – kein Wunder, dass ich am Abend Rückenschmerzen habe." Ursache für Rückenprobleme, wie die der Erzieherin Monika S., können unter anderem sein: eine ungünstige Körperhaltung, falsches Heben und einseitige Belastung. Auch schlechte Ernährung, ein ungünstiger Schlafplatz oder psychische Belastungen, wie Stress, sind Auslöser von Rückenschmerzen.

Was tun? Vorsorgen ist besser als Nachsehen! Viele Kurse widmen sich der speziellen Problematik, wie Sie Ihren Rücken schonen und gesund erhalten. Erkundigen Sie sich rechtzeitig danach. Die Krankenkassen, der Bundesverband der deutschen Rückenschulen (BdR) e.V., das „Forum gesunder Rücken – besser leben e.V." oder die „Aktion gesunder Rücken e.V. (AGR)" bieten, auch im Internet, Informationen und Kurse an. Legen Sie solche Informationen im Mitarbeiterzimmer aus, und machen Sie den Rücken so zum Thema für alle.

Entspannung

Setzen Sie auf „kleine Helfer"

Um den Rücken im Alltag zu entlasten, können Sie sich einiger Hilfsmittel bedienen. Was Ihnen dient, probieren Sie am besten selbst aus. Beispiele dafür sind:

- **Keilkissen:** Es ermöglicht aufrechtes Sitzen durch Kippen des Beckens nach vorne.

- **Sitzball:** Das aktive Sitzen auf dem Sitzball wirkt Verspannungen entgegen.

- **Fußbank:** Beim Sitzen auf einer Fußbank kann die Haltung entlastet werden, indem wiederum das Becken nach vorne kippt.

Fünf Rückenwohl-Tipps für den Alltag

Tipp 1: Wenn Sie auf kleinen Kinderstühlen sitzen, stellen Sie ein Knie seitlich vom Stuhl am Boden ab. Wechseln Sie die Seiten.

Tipp 2: Investieren Sie in einen ergonomischen Bürostuhl, der sich auf Augenhöhe der Kinder einstellen lässt.

Tipp 3: Sitzen Sie nie zu lange. Bewegen Sie sich häufig, und wechseln Sie Ihre Position. Strecken Sie sich häufig.

Tipp 4: Bücken Sie sich nicht mehr mit gebeugtem Rücken, sondern gehen Sie in die Hocke.

Tipp 5: Stehen Sie nicht mit ganz durchgedrückten Knien. Winkeln Sie auch im Liegen die Beine ab bzw. ziehen Sie sie an.

Richtig heben, tragen und bewegen

So heben Sie rückengerecht

Schonen Sie Ihren Rücken, und heben Sie grundsätzlich keine Lasten von über 15 kg oder, bei häufigem Tragen, von über 10 kg. Wenn Sie heben, dann gehen Sie mit geradem Rücken in die Hocke. Nehmen Sie den Gegenstand mit beiden Händen auf, und heben Sie ihn nahe am Körper an, indem Sie aus den Knien nach oben kommen. Heben Sie gleichmäßig und langsam, nicht ruckartig an.

So tragen Sie rückengerecht

Vermeiden Sie einseitiges Tragen. Lassen Sie Kinder, die Sie auf der Hüfte umhertragen, öfter die Seite wechseln. Verteilen Sie andere Lasten gleichmäßig auf beide Körperhälften.

So bleiben Sie beweglich und aktiv

Ausdauersportarten, wie Jogging, Schwimmen, Radfahren oder Walking, lösen Verspannungen, stärken das Immunsystem, wirken sich positiv auf das Herz und den Stoffwechsel aus, steigern das Wohlbefinden und bauen Stress ab. Ob Sie dabei lieber für sich alleine sind und sich „den Kopf freiradeln" oder in einer Gruppe Gleichgesinnter laufen und plaudern, bleibt Ihnen überlassen. Fest steht: Sie leisten damit einen wesentlichen Beitrag zur Gesunderhaltung Ihres ganzen Körpers und beugen Übergewicht vor bzw. reduzieren es.

Kinder sind kein Federgewicht. Auch nicht, wenn sie erst 2 Jahre alt sind.

Kleine Übung – große Wirkung

Gesundheit ist weniger ein Zustand als eine Haltung, und sie gedeiht mit der Freude am Leben.

Thomas von Aquin

Notfallübungen und Sofort-Hilfen für den Rücken

Es ist ein Kreuz mit dem Kreuz! Wenn Sie – trotz Vorbeugung – von gelegentlichen Rückenschmerzen geplagt werden, können kleine Entlastungsübungen den Druck auf Nerven, Gefäße und Wirbel nehmen. Dadurch lassen sich Schmerzen ohne Medikamente lindern. Mit dieser Übung unterstützen Sie das Zurückgleiten der Bandscheiben in ihre ursprüngliche Lage: Stellen Sie sich mit hüftbreit geöffneten Beinen aufrecht hin. Legen Sie nun beide Hände auf Ihr Gesäß, und drücken Sie die Knie leicht durch. Beugen Sie anschließend Ihren Oberkörper langsam nach hinten – so weit, bis Sie keine Schmerzen mehr haben. Halten Sie diese Position ca. 3 Sekunden, und gehen Sie dann mit dem Oberkörper vorsichtig in die Ausgangsposition zurück.

Kraft

Bewegung tut gut: Ob Jazztanz oder Fitness – suchen Sie sich Ihr persönliches Anti-Stress-Programm zum Ausgleich.

Kopfschmerzen haben ihre Ursache oft im Rücken. Noch ein Grund mehr, auf Ihre Wirbelsäule Acht zu geben.

Entlastung schaffen, aber regelmäßig

Wenn's ständig im Rücken zwickt, sollten Sie Ihre Wirbelsäule regelmäßig entlasten. Das gelingt Ihnen mit der Stufenlagerung: Legen Sie sich auf einen festen Untergrund in Rückenlage. Ihre Unterschenkel betten Sie auf eine erhöhte, feste Unterlage, zum Beispiel Kissen, Hocker usw. Knie- und Hüftgelenke sollten dabei einen rechten Winkel bilden. So können Sie bis zu einer Stunde für Entlastung sorgen – und grundsätzlich Rückenproblemen vorbeugen.

Tun Sie was für Ihre Halswirbelsäule

Kopf-, Nacken- oder Schulterschmerzen lassen sich häufig auf Belastungen der Halswirbelsäule zurückführen. Das können Sie dagegen tun: Setzen Sie sich, ohne sich anzulehnen, auf einen Hocker oder Stuhl. Achten Sie dabei darauf, aufrecht zu sitzen. Kippen Sie dazu Ihr Becken nach vorne, und machen Sie Ihren Hals lang. Ihre Füße stehen hüftbreit auf dem Boden, und Ihre Hände liegen auf den Oberschenkeln. Ziehen Sie nun Ihr Kinn ein – machen Sie sozusagen ein Doppelkinn. Bleiben Sie in dieser Position etwa 10 Sekunden. Anschließend schieben Sie das Kinn wieder nach vorne. Diese Übung sollten Sie fünf- bis zehnmal wiederholen.

Zuversicht

Wenn alles unter Spannung steht: Klopfübungen!

Anspannung sorgt für Verspannung – und erzeugt Stress, der Ihnen nicht gut tut. Nach einigen Stunden auf kleinen Stühlen oder auf dem Boden mit den Kindern ist es Zeit für eine Lockerung der Muskeln. Diese kleinen Klopfübungen fördern die Durchblutung und machen frisch, sodass Sie dadurch Spannungen schnell lösen. Diese Übungen geben Ihnen neue Energie und Beweglichkeit:

Für den Kopf

Stellen Sie sich aufrecht im Grätschstand auf einen festen Untergrund. Legen Sie Ihre Hände so auf den Hinterkopf, dass sich die Fingerspitzen berühren. Klopfen Sie nun etwa eine Minute lang mit allen Fingern gleichzeitig vom Hinterkopf bis zum Haaransatz und wieder zurück.

Für die Arme

Stellen Sie sich aufrecht hin, und strecken Sie den linken Arm nach vorne mit den Handflächen nach oben. Legen Sie Ihre rechte Hand auf die linke Schulter. Klopfen Sie nun mit der rechten Handfläche den Arm bis zum Handgelenk in kurzen Abständen ab. Dann wechseln Sie die Arme. Wiederholen Sie diese Übung bis zu fünfmal.

Für den Brustkorb

Stehen Sie aufrecht, und legen Sie beide Hände seitlich unter Ihr Schlüsselbein. Die Fingerspitzen zeigen dabei zueinander. Klopfen Sie nun mit beiden Händen gleichzeitig in kurzen Abständen bis zur Taille. Beginnen Sie anschließend wieder beim Schlüsselbein, und führen Sie die Übung etwa fünfmal durch.

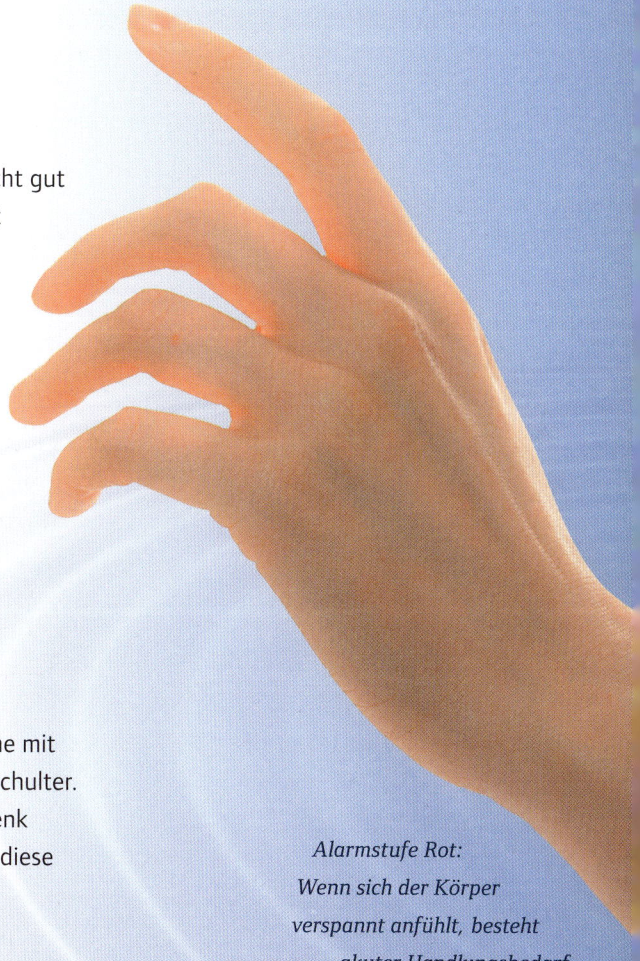

Alarmstufe Rot:
Wenn sich der Körper
verspannt anfühlt, besteht
akuter Handlungsbedarf.

Mut

Nackenkompressen – Erste Hilfe für Schultern und Nacken

Haben Sie den Kindern heute viel über die Schultern geschaut? Dann kann
der Nacken schon mal zwicken und spannen. Eine schnelle Erleichterung
schafft eine feuchtwarme Auflage mit Ingwer, denn der regt die Durchblutung
an und löst so Verspannungen. Geben Sie einige Scheiben Ingwer in eine
Schüssel, und gießen Sie diese mit heißem Wasser auf. Lassen Sie die Mischung
ca. zehn Minuten ziehen. Tauchen Sie ein weiches Baumwollhandtuch in
das Ingwer-Wasser, und drücken Sie es anschließend gut aus.

Machen Sie Ihre Schulterpartie frei, und legen Sie sich entspannt auf
den Bauch, oder setzen Sie sich bequem in einen Sessel. Legen Sie die feuchtwarme Kompresse in den Nacken – und genießen Sie die wohltuende Wärme!

Ingwer tut dem Nacken gut!

Einen klaren Kopf behalten

„Nach einem hektischen und lauten Tag in der Kita brummt mir regelmäßig der Kopf", klagt Annette, die in einem Grundschulhort arbeitet. Auch wenn Sie versuchen, achtsam mit sich und Ihrem Körper umzugehen – es lässt sich nicht immer vermeiden, dass doch mal Beschwerden auftreten. Darum ist es gut, sich im Notfall schnell Erleichterung zu verschaffen. Lärm, ständige Präsenz und Aufmerksamkeit – das alles ist Alltag in der Kita. Da ist es nicht verwunderlich, wenn der Kopf davon schmerzt. Statt Tabletten gibt es eine andere, sehr effektive Notfallhilfe bei Kopfschmerzen:

Als ob glasklare Murmeln klackern: Nach einem lauten Kita-Tag fühlt sich Ihr Kopf manchmal so an.

Akupressur gegen Kopfweh
Wenn Sie die Stelle genau lokalisieren können, wo der Schmerz auftritt, wirkt eine feste Massage mit der Fingerkuppe genau an dieser Stelle schmerzlindernd. Treten die Kopfschmerzen auf der linken Seite auf, verschaffen Sie sich Linderung durch eine Akupressur des linken Handrückens und umgekehrt. Den richtigen Druckpunkt finden Sie, wenn Sie mit dem Daumen an der anderen Hand zwischen Ring- und kleinem Finger entlang bis zum Handgelenk fahren. Kurz vor dem Knöchel des Handgelenks finden Sie eine kleine Vertiefung. Pressen Sie mit den Daumen kräftig an dieser Stelle.

Freude

Wenn Sie nicht genau sagen können, wo es wehtut, hilft das Drücken des Ohrläppchens. Nehmen Sie es zwischen Daumen und Zeigefinger, und pressen Sie die Finger fest zusammen. Tut das erst mal etwas weh, dann haben Sie den richtigen Punkt gefunden – drücken Sie darum unbedingt einige Sekunden lang weiter.

Was sonst noch **gut tut** und Spaß macht

Peeling für zarte Füße

Vermischen Sie die Zutaten aus dem Tipp-Kasten dazu zu einer Paste. Diese Paste tragen Sie auf die Füße auf, und lassen sie einige Minuten einwirken. Anschließend massieren Sie die Füße sanft und genießen den Peeling-Effekt. Spülen Sie Ihre Füße mit lauwarmem Wasser ab, und cremen Sie sie mit einer rückfettenden Fußcreme ein. Das Ergebnis sind samtweiche Füße!

*Wie oft vergessen wir sie,
und dabei tragen sie so schwer
jeden Tag … Tun Sie
Ihren Füßen etwas Gutes.*

Tipp

Gesunde Füße tragen Sie durch Dick und Dünn. Dafür haben sie auch ab und zu etwas Pflege verdient. Barfußlaufen oder ein Fußroller am Abend vor dem Fernseher – so massieren Sie die Füße und entspannen die Muskulatur.

Oder verwöhnen Sie Ihre Füße doch mit einem Peeling. Dafür brauchen Sie diese Zutaten:

2 EL Zucker
1 EL Hagelzucker
1 EL Olivenöl
1 EL neutrales Öl

Selbstgemachte Seife

Zutaten für selbstgemachte Seife
1 Schüssel
250 g reine Seifenflocken
1 EL Mandelöl
1 TL flüssige Lebensmittelfarbe
6 EL lauwarmes Wasser
Ätherisches Duftöl
Ausstechförmchen

Da bei dieser Seifenherstellung und dem Formen der Seifen nur lauwarmes Wasser verwendet wird, können auch Kinder schon mithelfen und schöne Geschenke herstellen. Lediglich bei der Verwendung der ätherischen Duftöle ist Vorsicht geboten. Diese müssen unter Aufsicht von Erwachsenen verwendet und außerhalb der Reichweite von Kindern aufbewahrt werden.

So geht's:

Mischen Sie die Seifenflocken (ohne Duft- und Konservierungsstoffe) mit Mandelöl, Lebensmittelfarbe und wenigen Tropfen ätherischem Duftöl. Hinzu kommt noch das lauwarme Wasser, mit dem die Zutaten dann gut verknetet werden. Aus dieser Masse können Formen ausgestochen oder Kugeln geformt werden. Die fertigen Seifenstücke müssen mindestens 2 Wochen lang trocknen, sonst sind sie zu schnell aufgebraucht.

Wie wäre es mit einer Rosmarin-Note in Ihrer selbstgemachten Seife? Rosmarin entspannt die Nerven.

Geballte Vitamine für zwischendurch: erfrischend, leicht und gesund dazu.

Erkältung? Nein, danke!

Frische Luft tut gut

Gerade in der kalten Jahreszeit sind Sie in der Arbeit mit Kindern ständig Krankheitserregern ausgesetzt. Damit Sie Herbst und Winter gesund überstehen, gilt der Grundsatz „Vorbeugen ist besser als heilen". Gehen Sie also, so oft es geht, an die Luft – nicht nur mit den Kita-Kindern! Achten Sie dabei auf passende, warme Kleidung, die Ihnen aber genügend Bewegungsfreiheit lässt. So macht das Toben mit den Kindern genauso Spaß wie der gemütliche Spaziergang nach Feierabend.

Vitaminbombe

Essen Sie ausgewogen und vitaminreich. Wie wäre es mit einem Obstspieß als kleine Zwischenmahlzeit: Schneiden Sie eine Kiwi, einen Apfel und eine Banane in mundgerechte Stücke. Stecken Sie alle Obsthäppchen abwechselnd auf einen Schaschlik-Spieß. Beträufeln Sie den Obstspieß mit dem Saft einer halben Zitrone. Besonders süß wird der Snack, wenn Sie noch einige Tropfen Agavensirup darüber geben. Davon brauchen Sie nur ganz wenig, weil der Sirup um 20 Prozent mehr Süßkraft als Zucker besitzt.

Keine Chance für Viren und Bakterien

Waschen Sie sich mehrmals am Tag die Hände. Nicht nur dann, wenn Sie bei Kindern pflegerische Aufgaben erledigt haben. So wird die Zahl der Viren und Bakterien um ein Vielfaches vermindert.

Wenn es Sie doch erwischt hat

Nicht jede Schnupfennase lässt sich immer verhindern. Fühlen Sie sich ange-
schlagen, sollten Sie sofort handeln. So können Sie schlimmeren Beschwerden
vorbeugen und erste Symptome lindern – und sind bald wieder fit, um mit
den Kindern auch die kalten Tage zu genießen.

Salz – ein echtes Wundermittel

Salz beruhigt die Schleimhäute und desinfiziert. Für Schnupfennasen können
Sie leicht eine gut verträgliche Nasen- oder Rachenspülung herstellen,
indem Sie eine Messerspitze Salz in ein Glas mit lauwarmem Wasser einrühren
und einen kurzen Augenblick warten, bis sich das Salz im Wasser aufgelöst hat.
Mit dem Salzwasser können Sie nun gurgeln. Oder Sie ziehen es durch
die Nase ein. Halten Sie sich dabei immer das jeweils andere Nasenloch zu.

*Gönnen Sie sich ausreichend Schlaf,
denn nur ein ausgeruhter Körper kann
Erkältung und Co. trotzen.*

Auch die heiße Zitrone ist ein bewährtes Hausmittel gegen Schnupfnasen im Winter.

Ingwer stärkt die Abwehrkräfte

Probieren Sie doch einmal eine Tasse Ingwertee: Geben Sie drei bis vier Scheiben Ingwer in eine Kanne, und überbrühen Sie ihn mit heißem Wasser. Nach ca. 8 Minuten können Sie den Tee trinken. Mit etwas Honig und einem Spritzer Zitronensaft ist dieses heiße Getränk ein gesunder Genuss!

Ab in die Badewanne

Ein Erkältungsbad können Sie als Mischung kaufen. Oder Sie kreieren sich Ihr ganz eigenes Erkältungsbad und bedienen sich dafür im Gewürzregal Ihrer Küche! Mischen Sie die Zutaten aus dem Kasten zu einem Badezusatz zusammen, und geben Sie ihn in Ihr Badewasser. Danach fühlen Sie sich fast wie neugeboren.

Zutaten für ein Erkältungsbad
2 EL kaltgepresstes Olivenöl
2 EL Milch als Emulgator
1 TL getrockneten Thymian
1 TL Salbei
1 TL Lavendel
1 TL Salz

Entspannung

5. Ihre Stimme – ein wichtiges „Werkzeug"

Bei der **richtigen** *Atmung fängt es an*

Für einen Handwerker sind ordentlich gepflegte, gut funktionierende Werkzeuge unverzichtbar und sehr wertvoll. Genauso ist es mit Ihnen, Ihren Sprechwerkzeugen (u. a. Lippen, Zunge, Gaumen oder Kehlkopf), Ihrer Atmung und Ihrer Stimme! Sie benötigen sie täglich in guter Funktion – denn das ist für die tägliche Arbeit in der Kita Gold wert. Leider rücken Stimme und Atmung aber oftmals erst in das Blickfeld, wenn sie nicht mehr ausreichend gut funktionieren – etwa bei einer Erkältung, wenn die Stimme kratzt, der Atem rasselt. Oder wenn uns sprichwörtlich vor Ärger oder Stress „die Puste ausgeht". Nehmen Sie sich die Zeit, und spüren Sie, entspannt und im Stehen, einmal Ihrem Atem nach: Was nehmen Sie wahr? Wie fließt die Luft in Sie hinein, wo geht sie hin? Wie strömt sie wieder heraus, und wie lange dauern alle diese Vorgänge? Sich der eigenen Atmung bewusst zu werden, ist ein erster Schritt, um eventuell falsche Gewohnheiten zu ändern. Probieren Sie anschließend folgende Atemübungen aus, und finden Sie zu Ihrem eigenen entspannenden Atem.

Auch eine Tasse Halswohl-Tee für zwischendurch tut Ihrer beanspruchten Stimme gut. Besonders angenehm: Salbeitee mit Honig.

Kleine Atemübungen

Eine Sache des Bauchgefühls

Übung 1

Legen Sie sich auf eine flache, aber weiche Unterlage. Die Hände liegen entspannt auf dem Bauch unterhalb des Nabels. Atmen Sie dann durch die Nase ein, und spüren Sie dem Luftstrom nach, wie er durch die Nase nach hinten und durch den Rachen fließt. Folgen Sie der einströmenden Luft dann bis in den Bauchraum. Die ankommende Luft hebt Ihre Hände leicht an. Dann lassen Sie die Luft wieder ausströmen. Die Hände senken sich mit dem Bauch. Wiederholen Sie die Übung mehrmals.

Übung 2

Stehen Sie entspannt und aufrecht. Atmen Sie durch die Nase ein bis in den Bauchraum. Während des Einatmens sagen Sie innerlich ganz langsam das Wort „Kommen". Wenn das Einatmen abgeschlossen ist, bleibt die Atmung still, solange Sie innerlich „Ruhe" sagen. Dann lassen Sie die Luft ausströmen mit den Worten „Gehen". Anschließend pausieren Sie erneut mit dem Wort „Ruhe", bevor Sie die Luft wieder einströmen lassen mit „Kommen". Das können Sie ein paar Mal wiederholen.

Übung 3

Stehen Sie entspannt und aufrecht. Atmen Sie ohne Pausen langsam ein und aus, und stellen Sie sich dabei vor, dass die Atemluft wie in Wellen durch Ihren Körper fließt. Das wiederholen Sie ein paar Mal.

Das Kraut
des Internisten und
das Messer des Chirurgen
heilen von außen,
der Atem heilt von innen.

Paracelsus

> *Die Musik drückt das aus, was nicht gesagt werden kann und worüber zu schweigen unmöglich ist.*
> Victor Hugo

Lassen Sie den Weltschmerz raus

Allzu oft schnürt uns der Alltag die Kehle zu oder nimmt uns den Atem. Lassen Sie nicht zu, dass Sie derart innerlich blockiert werden, sondern befreien Sie sich mit einem großen „Ach", in das Sie gedanklich alles hineingeben können, was Sie belastet. Stellen Sie sich dazu in aufrechte Position mit nicht ganz durchgedrückten Knien. Atmen Sie dann tief ein, und heben Sie beide Arme nach oben. Nun sagen Sie ein lautes, langes und befreiendes „Ach", während Sie den Oberkörper nach vorne fallen lassen. Wiederholen Sie diese Übung.

Summen, brummen, singen – Ihre Stimme ist vielseitig!

Beginnen Sie das Singen immer mit einigen Übungen. Sie helfen dabei, zu entspannen, eine natürliche Atmung zu finden und das Zwerchfell aktiv zu beteiligen. Das Zwerchfell ist ein großer Muskel, der quer zwischen dem Brust- und dem Bauchraum liegt. Wenn Sie singen, sollte das Zwerchfell durch seine Spannung Ihre Stimme „stützen", das heißt den austretenden Luftstrom kontrollieren. Ohne Beteiligung des Zwerchfells strapaziert das Singen die Stimmbänder und führt schnell zu Heiserkeit.

Zuversicht

So spüren und trainieren Sie das Zwerchfell

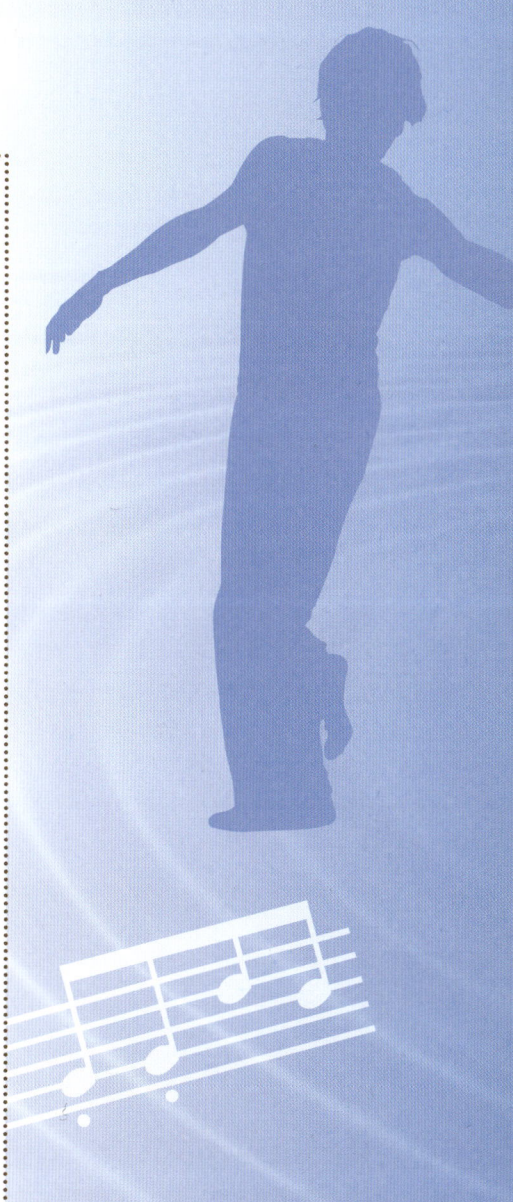

Übung 1
Hecheln Sie wie ein Hund mit herausgestreckter Zunge.

Übung 2
Sagen Sie schnell und mehrmals hintereinander die Konsonanten *k, t, p*.

Übung 3
Zischeln Sie mehrmals hintereinander ein schnelles „Sssssss",
und halten Sie den Ton dazwischen kurz an.

So bereiten Sie die Stimme vor
Zur Lockerung des Körpers können Sie einfach alle Gliedmaßen
ausschütteln und dann eine entspannte Haltung im Stehen oder
Sitzen einnehmen.

Lockerung der Lippen:
Sagen Sie mit locker aufeinandergelegten Lippen mehrmals hintereinander „ba-ba-ba", „bo-bo-bo" oder „bla-bla-bla". Lassen Sie dann
den gebeugten Oberkörper frei hin- und herschwingen, und singen
Sie dabei in einer für Sie angenehmen Tonhöhe „Aaaa".

Die Stimme aufwärmen:
Summen Sie dazu eine kleine Melodie. Wählen Sie hierfür am besten
Ihr Lieblingslied aus, und wärmen Sie so Ihre Stimme auf. Wichtig ist,
dass Sie die Melodie wirklich nur summen, anstatt leidenschaftlich drauf-
loszuschmettern. Beginnen Sie erst ganz leise zu summen und werden
dann immer lauter. Singen Sie fünf Töne abwärts auf ein federndes
„mo mo mo mo mo". Beginnen Sie bei G1, und gehen Sie abwärts in der
C-Dur Tonleiter bis C1. Wiederholen Sie diese Übung nach unten oder
oben auch von anderen Tönen aus.

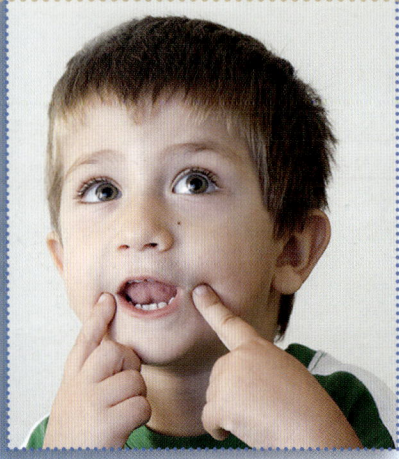

Ein Tag ohne Musikmachen und gemeinsames Singen ist ein verlorener Tag – für Stimme, Sprache, Freude und Wohlbefinden.

Freude

Tipp

Singen Sie die Melodie eines Liedes, das Sie mit den Kindern einüben wollen, zunächst ohne Text nur auf „du du du". So prägt sich die Melodie schnell ein, und die Kinder trainieren ihre Mundmuskulatur und Stimme.

Gut bei Stimme

Singen mit Kindern

Nichts begleitet die Sprachentwicklung der Kinder effektiver und fördert sie besser als gemeinsames Singen. Außerdem gibt Singen ein gutes Körpergefühl, fördert das soziale Miteinander, steigert die Konzentrationsfähigkeit und gibt Selbstbewusstsein. Tägliches Singen in der Kita ist also ein Muss. Auch mit den Kindern können Sie natürlich vor dem Singen die beschriebenen Atem- und Stimmübungen durchführen oder vor einer Liedeinführung die oben genannten Vorbereitungen für die Stimme machen, indem Sie beispielsweise bereits Teile des Liedes summen.

Kombinieren Sie zum Singen immer wieder einige rhythmische Bewegungsabläufe, oder lockern Sie die Übungen mit Klatschen, Schnalzen, Schnipsen oder mit Rhythmusinstrumenten auf. So üben die Kinder mit viel Spaß und erschließen sich die eigene Welt der Musik.

Rufen schont die Stimme auch

Wenn Sie eine Gruppe von Kindern übertönen müssen, dann schonen Sie Ihre Stimme und bewahren sie vor Heiserkeit, wenn Sie nicht schreien, sondern versuchen, zu rufen. Sie sollten weder pressen noch Druck auf die Stimme ausüben, um laut zu werden. Stattdessen rufen Sie in einer höheren Tonlage melodiös, also eher einer Melodie folgend, als ob Sie etwas weit hinausrufen wollten. Versuchen Sie es!

6. Ihr Pansensnack – schnell, gesund und lecker

Berufstätig sein und gesund essen? Geht das? Das geht! Und es klappt sogar ganz ohne komplizierte Einkäufe in unterschiedlichen Läden bzw. ohne Rezepte mit endlosen Zutatenlisten. Ob schnell gemacht, vorgekocht oder was für zwischendurch – entscheiden Sie selbst, wie Sie essen möchten. Hauptsache gesund und lecker und immer wieder anders!

Wenn der **kleine** Hunger kommt

Snacks für zwischendurch

Täglich grüßt das Murmeltier, wenn der Heißhunger in der Kita Sie überfällt: Schublade auf, Schokolade raus und … Aber es geht auch anders. Legen Sie sich einen Vorrat an anderen Dingen für zwischendurch zu, und verbannen Sie Schokoriegel, Kekse und Co. Gut angelegt in einer Naschschublade sind beispielsweise diese drei Knabbereien:

- Kerne, Mandeln und Nüsse
- Trockenfrüchte
- Reiswaffeln mit Salz

Sie liefern schnelle Energie und stillen den Hunger auf Süßes oder Salziges.

Walnusskerne: eine geballte Ladung
Vitalstoffe für Haut, Haare und Anti-Stress.

Die Orange – ein anpassungsfähiger Allrounder für jede Snackgelegenheit.

Die kleine Zwischenmahlzeit

Wenn Sie ab und zu etwas mehr Geschmackserlebnis mögen oder eine gehaltvollere Zwischenmahlzeit benötigen, dann könnten Sie einen der folgenden supereinfachen und leichten Snacks vorbereiten und zur Arbeit mitnehmen.

Nasch-Tipp: Orange küsst Fenchel

Schneiden Sie eine geschälte Orange und eine Fenchelknolle klein. Geben Sie dann einen klein geschnittenen Chicorée oder einige Blätter Eisbergsalat dazu. Verfeinern Sie nach Geschmack mit neutralem Speiseöl, etwas Zucker, Salz, Pfeffer und Zitronensaft. Wer mag, kann zusätzlich Naturjoghurt daruntermischen.

Nasch-Tipp: Bohnen im Rock

Waschen und kochen Sie eine Handvoll grüner Bohnen bissfest. Nach dem Abkühlen fassen Sie dann immer ein paar Bohnen zu einem Päckchen zusammen und umwickeln dieses mit einer Scheibe Käse nach Wahl oder einer Scheibe Schinken oder beidem. An Stelle der Bohnen können Sie auch schmale Spargelstangen aus dem Glas verwenden.

Entspannung

Nasch-Tipp: Garnelen im Gurkenbett

Schneiden Sie eine halbe Gurke in kleine Würfel, und vermischen Sie die Gurkenstücke mit einem Becher Naturjoghurt. Würzen Sie mit Salz und Pfeffer und evtl. etwas Dill. Geben Sie dann eine Handvoll Garnelen darüber.

Nasch-Tipp: Ei auf Wolke 7

Kochen Sie ein Ei hart, und lassen Sie es abkühlen. Danach schneiden Sie es in Würfel oder Scheiben und mischen es mit einigen klein geschnittenen Kirschtomaten. Diese Mischung geben Sie auf einen halben Becher Hüttenkäse.

Nasch-Tipp: Obstfondue

Schneiden Sie einiges Obst in mundgerechte Stücke. Das tauchen Sie dann mit Hilfe einer Gabel in einen Becher Frucht- oder Naturjoghurt nach Ihrem Geschmack ein.

*Trauben und Erdbeeren –
gern gesehene Gäste beim
Obstfondue.*

Nüsse **nicht nur** für die Nerven

Nüsse enthalten doch viel zu viel Fett, denken Sie vielleicht. Das stimmt zwar, doch handelt es sich dabei größtenteils um ungesättigte Fettsäuren, die nicht dick machen, sondern Herz und Kreislauf schützen. Und Nüsse können noch mehr. Sie schützen vor Stress und beruhigen die Nerven. Sie helfen bei Müdigkeit und Konzentrationsschwäche und beugen vielen Krankheiten vor. Zudem sind sie leicht mitzunehmen und überall griffbereit – der ideale Snack. Greifen Sie deshalb öfter auf Nüsse als Energielieferanten zurück.

> **Nasch-Tipp: Knuspernüsse**
> Legen Sie eine Handvoll Mandeln und eine Handvoll Haselnüsse (oder, wer mag, auch Erdnüsse) auf ein mit Backpapier belegtes Blech, und rösten Sie die Nüsse bei 180 °C und Umluft für 5 bis 10 Minuten. Geben Sie die Nüsse dann auf ein Geschirrtuch, und reiben Sie die Schale mit dem Tuch ab. Die Knuspernüsse schmecken pur und warm oder kalt.

Die Erdnuss – ein fettes Kind aus der Bohnenfamilie, das nicht nur Ihre Nerven stärkt, sondern auch herzensgut ist.

Aus der **Suppenküche**

Die ideale Begleitung für Ihren Mittagstisch ist eine Gemüsesuppe. Sie können sie in zahlreichen Geschmacksvarianten schnell, einfach und kalorienarm zu Hause vorbereiten und in der Kita aufwärmen, oder, mit Schinken oder Käsewürfel verfeinert, im Sommer sogar kalt essen. Dünsten Sie eine Zwiebel mit etwas Öl im Topf an, geben dann das gewaschene und kleingeschnittene Gemüse (Brokkoli, Karotten, Lauch, …) dazu und gießen mit Wasser auf. Nach einiger Kochzeit würzen Sie etwas mit Gemüsebrühe und pürieren das Ganze nach Wunsch. Fertig!

Tipp

Viele Speisen, zum Beispiel Aufläufe, Nudel- oder Reisgerichte, lassen sich wunderbar aufwärmen. Wenn Sie abends mit Ihrer Familie kochen, kochen Sie doch einmal etwas mehr, als Sie am Abend aufessen werden. So haben Sie noch eine Portion für den nächsten Tag übrig, die Sie sich in der Mittagspause aufwärmen.

Teamessen –
So gelingt's leicht!

„Es ist wie eine Art Ritual. Einmal im Monat essen wir alle zusammen – manchmal mittags, manchmal abends. Ich liebe das!" Rita K., Erzieherin, beschreibt einen wichtigen Bestandteil der Kultur in ihrem Team. Gemeinsames Essen verbindet, schafft eine unvergleichliche Wohlfühlatmosphäre und regt die Kommunikation untereinander an. Hier kommen drei unkomplizierte Ideen, wie auch Sie mit Ihrem Team in diesen Genuss kommen können.

Das Chaos-Buffet

Es werden lediglich Datum und Uhrzeit vereinbart. Der Rest muss sich von alleine regeln. Das bedeutet: Jede Kollegin steuert irgendetwas zum Buffet bei – egal was!

Vorteile: Meistens bleibt es nicht bei einer mitgebrachten Sache, und jede Kollegin macht sicher das, was Sie am besten kann oder ihr am besten schmeckt. So entsteht ein sehr leckeres Buffet mit großer Auswahl.

Eine für alle

Bei „Eine für Alle" wird per Losverfahren eine Kollegin bestimmt, die an diesem Tag das Essen für alle mitbringt.

Vorteile: Sie selbst müssen nur einmal so richtig ran, dürfen dann aber viele Male bei den anderen mitschlemmen. Sie schnuppern so richtig in die Kollegenküche hinein.

Bunt, unberechenbar, voller Überraschungen und Freude – Ihr Chaos-Buffet ist ein Feuerwerk des guten Geschmacks.

Mut

Alle guten Dinge sind rot –
das könnte auch ein spannendes Motto
für Ihre kreativen Snackideen sein.

Gut geplant gewinnt

Eine Kollegin überlegt sich ein Motto, wie zum Beispiel „Salatbar" oder „Pasta, Pasta, nichts als Pasta". Dazu macht sie einen Aushang mit Abreißzetteln, auf denen steht, was mitzubringen ist. Im Falle der Beispiele wären das etwa ein Karottensalat, Salatsoße, gekochte Tortellini oder Tomatensoße. Jede Kollegin kann so eine Sache auswählen, die sie mitbringen möchte, und den entsprechenden Zettel abreißen.

Vorteile: Es entsteht eine perfekt abgestimmte Komposition, die aber durch die unterschiedlichen Zubereitungsarten spannend bleibt. Keiner hat zu viel Arbeit.

Monotasking –
Wie schmeckt es Ihnen?

Kennen Sie Monotasking? Nein? Dann vielleicht Multitasking. Das Zauberwort, das vor allem Frauen bescheinigen will, mehrere Dinge gleichzeitig tun zu können. Doch das ist ein Trugschluss und widerspricht neuesten Forschungsergebnissen, nach denen unser Gehirn eben nicht in der Lage ist, mehrere Aufgaben parallel zu bearbeiten. Natürlich können wir in kurzer Zeit viele Informationen gleichzeitig aufnehmen, etwa was am eigenen und am Nebentisch in der Pizzeria gesprochen wird, welcher Stimmung unser Gegenüber ist und wie das Essen duftet. Aber reagieren können wir auf diese Reize nicht gleichzeitig,

Zuversic

angemessen und mit zufrieden stellendem Ergebnis. Das bedeutet, dass jemand, der sich dauernde Multitasking-Fähigkeiten abverlangt, sein Gehirn überstrapaziert. Manche Aufgaben werden dabei gut, manche schlecht oder langsamer erledigt, als das der Fall gewesen wäre, wenn sie nacheinander angenommen worden wären.

Leben Sie also Monotasking! Tun Sie eine Sache nach der anderen – konzentriert und mit voller Aufmerksamkeit. Denn nur so kommen Sie zu den besten Arbeitsergebnissen, ohne sich zu überfordern. Beginnen Sie beim Essen damit, Ihre Monotasking-Fähigkeiten wiederzuentdecken, indem Sie eine Mahlzeit lang einfach nur essen. Lassen Sie sich durch nichts ablenken. Fernsehen, Zeitung, Radio, Handy – alles bleibt fern und still. Es gibt nur Sie selbst und das Essen. Kauen Sie langsam und bedächtig, und versuchen Sie, alle Sinneseindrücke bewusst wahrzunehmen. Wie schmeckt Ihnen das?

Ob im Job oder zu Hause:
Tun Sie einfach einmal nur
eine einzige Sache. Tun Sie
diese aber mit Hingabe.
Dann tut es Ihnen gut …

Mit wirkungsvollen Stress-weg-Tipps
den Tag gelassen meistern

Zufriedenh

Das Geheimnis der Zufriedenheit

Es kamen einmal einige Suchende zu einem alten Zenmeister. „Herr", fragten sie, „was tust du, um glücklich und zufrieden zu sein? Wir wären auch gerne so glücklich wie du." Der Alte antwortete mit mildem Lächeln: „Wenn ich liege, dann liege ich. Wenn ich aufstehe, dann stehe ich auf. Wenn ich gehe, dann gehe ich und wenn ich esse, dann esse ich." Die Fragenden schauten etwas betreten in die Runde. Einer platzte heraus: „Bitte, treibe keinen Spott mit uns. Was du sagst, tun wir auch. Wir schlafen, essen und gehen. Aber wir sind nicht glücklich. Was ist also dein Geheimnis?" Es kam die gleiche Antwort: „Wenn ich liege, dann liege ich. Wenn ich aufstehe, dann stehe ich auf. Wenn ich gehe, dann gehe ich und wenn ich esse, dann esse ich." Die Unruhe und den Unmut der Suchenden spürend, fügte der Meister nach einer Weile hinzu: „Sicher liegt auch ihr und ihr geht auch und ihr esst. Aber während ihr liegt, denkt ihr schon ans Aufstehen. Während ihr aufsteht, überlegt ihr, wohin ihr geht, und während ihr geht, fragt ihr euch, was ihr essen werdet. So sind eure Gedanken ständig woanders und nicht da, wo ihr gerade seid. In dem Schnittpunkt zwischen Vergangenheit und Zukunft findet das eigentliche Leben statt. Lasst euch auf diesen nicht messbaren Augenblick ganz ein und ihr habt die Chance, wirklich glücklich und zufrieden zu sein."

(Zen-Geschichte, Quelle unbekannt)

Wenn Sie essen, dann essen Sie, wenn Sie träumen, dann träumen Sie, wenn Sie... – Nehmen Sie sich bewusst Zeit für die Dinge.

7. Abschalten und Entspannen – Das haben Sie verdient!

Abends auf der Couch relaxen, das ist nicht faul, das ist „überlebensnotwendig".

Stress *lass nach!*

„Der Alltag in der Kita ist manchmal ziemlich stressig. Ich weiß aber oft nicht, wann ich da abschalten könnte", meint Ines, die seit zehn Jahren ganztags in einer Gruppe mit Drei- bis Sechsjährigen arbeitet. *„Zum Entspannen ist im Gruppenalltag keine Zeit. Und wenn ich mal Pause mache, dann klingelt bestimmt das Telefon, oder ein Elternteil möchte sich noch zwischen Tür und Angel mit mir besprechen. Ich müsste einfach mal alles ausblenden und runterfahren. Aber dazu bleibt häufig keine Zeit."*

Warum ist Entspannung eigentlich wichtig?

Gerade in der Arbeit mit Kindern stehen Sie häufig unter Anspannung. Sie müssen die Aufsichtspflicht erfüllen, sollen Bildungsziele verfolgen, vor Ideen sprudeln, auf jedes Kind individuell eingehen. Diese Verantwortung in Verbindung mit Leistungs- und Zeitdruck kann auf die Dauer krank machen. Ihr Beruf ist eine der schönsten Tätigkeiten überhaupt. Damit Sie sich noch lange mit Freude an die Arbeit machen können, sollten Sie auf die richtige Balance zwischen Anspannung und Entspannung achten.

Klar, die meiste Zeit zum Entspannen haben Sie natürlich, wenn die Arbeiten des Tages erledigt sind. Aber nicht nur nach Feierabend sollte ein kleiner Ausgleich stattfinden. Auch zwischendurch ist es wichtig, die persönliche „Drehzahl" immer wieder etwas herunterzufahren. Machen Sie mal Pause, und tanken Sie Kraft!

Entspannung

Entspannungsrituale für zwischendurch wirken Wunder

Wenn Sie sich regelmäßig Zeit für kleine Entspannungsmomente nehmen, werden diese nach und nach zur Gewohnheit werden. Planen Sie also kleinere Übungen fest ein, denn „Übung macht den Meister". Dabei geht es nicht um Quantität, sondern um Qualität! Nehmen Sie sich vor, kurze Auszeiten für sich zu nehmen – und wenn es nur einige Sekunden sind. Dafür haben Sie bestimmt die Zeit, zum Beispiel nach dem gemeinsamen Morgenkreis, einem Elterngespräch oder der Abholzeit.

„Was macht Barbara denn da?" – *„Die muss mal kurz entspannen."* Entspannung im Alltag muss nicht Aufsehen erregend und spektakulär sein. Mit diesen kleinen, „heimlichen" Entschleunigern gelingt es Ihnen, immer mal wieder zwischendurch Gelassenheit in Ihren Tag zu bringen.

Die größten Ereignisse, das sind nicht unsere lautesten, sondern unsere stillsten Stunden.

Friedrich Wilhelm Nietzsche

Wie wäre es mit einem Mini-Zengarten fürs Mitarbeiterzimmer? Sandharken kann so sinnlich und beruhigend sein.

Blickpunkt-Entspannung

Befestigen Sie an einer Wand oder der Zimmerdecke des Gruppenraumes einen unauffälligen runden Aufkleber. Immer wenn Ihnen nach einer kleinen Auszeit zu Mute ist, fokussieren Sie diesen Punkt. Lenken Sie Ihre Aufmerksamkeit für einige Augenblicke auf diesen Punkt. Blenden Sie dabei alle anderen Eindrücke um Sie herum aus – so als wären nur Sie und der Punkt auf der Welt und sonst nichts. Merken Sie, wie Sie langsam entspannen?

Zunge entspannen

Nehmen Sie sich eine Minute Zeit, um Ihre Zunge bewusst gelöst und ruhig in Ihrem Mund liegen zu lassen. Sonst machen Sie nichts. Spüren Sie nach, was Ihre entspannte Zunge in Ihrem Körper sonst noch bewirkt. Übrigens: eine entspannte Zunge begünstigt einen entspannten Beckenboden.

Schenken Sie sich selbst auch immer mal wieder ein Lächeln.

Lächeln, lächeln, lächeln

Auch wenn Ihnen gerade nicht zum Lachen zu Mute ist – versuchen Sie trotzdem ein Lächeln. Denn allein durch die Muskelbewegung im Gesicht lösen Sie einen besonderen biologischen Effekt aus: Durch den Druck der Gesichtsmuskeln auf verschiedene Nerven erhält das Gehirn die Botschaft, dass Sie gute Laune haben. So werden entsprechende Botenstoffe ausgesandt, die für Entspannung und Ausgeglichenheit sorgen.

Pause ist Pause! Lassen Sie das bloß nicht einreißen.

Mittags **PAUSE** machen

Pause ist wirklich Pause

Ihre Mittagspause sollte wirklich Pause, Auszeit, Nichtstun oder In-Ruhe-zu-Mittag-Essen bedeuten. Damit das auch wirklich klappt, brauchen Sie einen ruhigen Platz, um sich zurückzuziehen. Die meisten Kitas haben ein Personalzimmer für Pausen. Alternativ wählen Sie am besten einen Raum, in dem Sie nicht, wie zum Beispiel im Büro, wieder Arbeit vor Augen haben. Stattdessen können Sie sich in einen leeren Nebenraum zurückziehen. Hängen Sie dabei ruhig ein Schild an die Tür: „Bitte nicht stören! Bin beim Kräftetanken."

Leckere Rezepte für gesunde, leichte und Energie spendende Mahlzeiten finden Sie in Kapitel 6 in diesem Buch ab Seite 80. Neben dem Essen sollten Sie in ihrer freien Zeit auch unbedingt ausreichend trinken. Dazu geben wir Ihnen hier zwei Impulse.

Ruhe

„It's tea time"

Die Tasse Kaffee nach dem Essen ist für viele nicht wegzudenken. Kaffee bringt den Kreislauf in Schwung. Doch um sich zu entspannen, kann stattdessen eine Tasse Tee hilfreich sein. Besonders beruhigend wirken Melisse oder Kamille. Fertige Entspannungstee-Mischungen gibt es mittlerweile überall zu kaufen.

Fruchtig, gesund und lecker: frische Säfte

Wie wäre es, wenn Sie sich im Pausenraum Ihrer Kita eine kleine Saftbar einrichten würden? Frische Säfte schmecken lecker und decken einen Teil Ihres Vitaminbedarfs. Gut versorgt mit wichtigen Vitaminen sind Sie widerstandsfähiger und ausgeglichener.

Ob frisch gepresst oder frisch gekauft, ob A, O oder ACE: 100 % Fruchtgehalt tut Ihnen immer gut.

Job ist Job,
und **frei ist frei**

Richtig entspannt wird's meist erst nach Arbeitsschluss. Das heißt: Wenn Sie es schaffen, mit der Arbeit Schluss zu machen. Denn wenn Sie ständig Angebote am Wochenende vorbereiten oder Dokumentationen noch schnell zu Hause tippen, müssen Sie damit rechnen, dass Ihre Kräfte irgendwann nachlassen. Außerdem „stehlen" Sie sich durch diese „Nacharbeit" wichtige Zeit zum Entspannen, für Gespräche mit dem Partner oder mit Freunden oder für Hobby und Sport.

Auf die Work-Life-Balance kommt es an

Damit Ihnen eine gesunde Balance zwischen Arbeit und Freizeit gelingt, können Sie einige Tipps beherzigen:

● Beenden Sie den Arbeitstag täglich mit einem Ritual, das einen echten Schlusspunkt setzt. Bleiben Sie beispielsweise kurz nach dem Abschließen der Kita-Tür davor stehen, atmen Sie tief ein und aus, und sagen Sie laut: „Feierabend".

● Starten Sie Ihren Feierabend mit einigen Augenblicken nur für sich. Egal ob Sie Familie, Haustiere oder eine gesprächige Nachbarin haben: Zehn Minuten auf der Couch mit Beine-Hochlegen gehören Ihnen!

● Planen Sie bewusst Ihre Freizeit. Verabreden Sie sich, besorgen Sie sich Theaterkarten oder ein interessantes Buch. Hauptsache, die Dinge haben mit Privatleben und nicht mit Arbeit zu tun.

Viele Menschen versäumen das kleine Glück, während sie auf das große vergebens warten.
Pearl S. Buck

Wie fühlt sich Work-Life-Balance an? Leicht, frei, ausgeglichen, kraftvoll – so, als ob man fliegen könnte.

Stimmt Ihre Balance?

Notieren Sie hier Ihre Einschätzungen. Wie viel Zeit verwenden Sie wofür?
Wie ausgeglichen ist Ihre Work-Life-Balance? Nehmen Sie Ihre Einschätzungen
doch einmal probehalber vor, wobei Sie hier nur Ihre Wachzeit berücksichtigen.

Lebensbereich	Wie viele Stunden pro Woche?	Anteil von Ihrer Zeit in %?
Arbeit in der Kita		
Nacharbeit zu Hause		
Familie und Freunde		
Hobbys, Unternehmungen		

Vergleichen Sie dann am besten die oberen beiden mit den unteren
beiden Zeilen dieser etwas vereinfachten tabellarischen Aufstellung.
Die Zeit, die Sie für die Arbeit verwenden, sollte im Durchschnitt
nicht mehr als 40 Prozent Ihrer wöchentlichen Wachzeit einnehmen.

Fühlen Sie sich im Gleichgewicht?

Freude

Glücksmomente *für den Feierabend*

Natürlich packen Sie Hausarbeit, Fitnessstudio oder Geburtstagseinladungen in den Feierabend. Aber einen Abend der Woche sollten Sie sich für sich und besondere Momente freihalten. Freuen Sie sich über einen freien Abend, und tun Sie sich etwas Gutes. Denn sich wohl und glücklich zu fühlen, kommt vor allem aus einem selbst heraus. Kleine „Glücklichmacher" sollten darum feste Bestandteile Ihrer kita-freien Zeit sein. Besonders glücklich machen Dinge, die für Erholung, Inspiration oder Austausch mit anderen sorgen – aber bitte ohne Hetze und Zeitdruck. Probieren Sie doch einfach mal die Impulse im Folgenden aus.

Argentinisches Schokoladenritual

Ertränken Sie Ihre Sorgen und belastenden Gedanken in heißer Schokolade! Dazu machen Sie sich eine Tasse Milch heiß. Brechen Sie von einer Tafel dunkler Schokolade ein Stück ab, tauchen Sie die Schokolade in die Milch und rühren damit um. Während die Schokolade langsam in der Milch schmilzt, können Sie sich vorstellen, dass sich Ihre Probleme und kreisenden Gedanken genauso auflösen wie die Schokolade. Lassen Sie das verbleibende Stückchen Schokolade in Ihrem Mund verschwinden, und genießen Sie anschließend die warme Trinkschokolade – am besten mit geschlossenen Augen.

Jeden Tag ein Stück Schokolade zum Probleme-Versenken.

Die Schönheit im Detail wahrnehmen:
auch eine Kunst der Langsamkeit.

Langsame Momente initiieren

Hektisch und schnell muss es den ganzen Tag gehen. Und dabei sollen Sie ganz nebenbei Ruhe ausstrahlen und Geduld mit den Kindern haben. Dazu brauchen Sie innere Ruhe und Gelassenheit. Und die können Sie nach Arbeitsschluss üben! Dazu sollten Sie langsame, bedächtige Tätigkeiten für sich wählen, die Sie erden und gleichzeitig Energie spenden. Ein paar Beispiele für entschleunigte Momente und Tätigkeiten haben wir hier für Sie zusammengetragen.

Kontakte pflegen im „Schneckentempo"

Schreiben Sie doch mal wieder einen Brief statt einer rasend schnellen E-Mail! Besonders intensiv wird diese gute, alte Möglichkeit, Kontakte zu pflegen, wenn Sie auch das Rundherum zu etwas Besonderem machen. Stellen Sie sich eine Kerze auf den Tisch, oder machen Sie eine Duftlampe an. Holen Sie einen Füller und besonderes Papier zum Schreiben. Lassen Sie im Hintergrund leise, langsame Instrumentalmusik laufen. Mit so einem besonderen handschriftlichen Gruß machen Sie gleichzeitig sich und dem Adressaten eine Freude!

*Erzähle mir, und ich
vergesse. Zeige mir,
und ich erinnere mich.
Lass mich tun,
und ich verstehe.*

Konfuzius

Herrlich zweckfreie Momente schaffen

Im Alltag verfolgen Sie mit Ihren Tätigkeiten immer ein Ziel. Ihr Handeln ist effektiv und sinnvoll. Nach Feierabend ist nun einmal Zeit, etwas zu tun, mit dem Sie kein offensichtliches Ergebnis verfolgen. Setzen Sie sich ans Fenster, und beobachten Sie, was sich davor abspielt. Nehmen Sie abends im Garten oder Park Platz, und betrachten Sie Mond und Sterne. Lassen Sie einfach wirken, was sich um Sie abspielt – ohne selbst dabei aktiv zu werden. Das beruhigt ungemein!

„Schatzkiste" der glücklichen Momente anlegen

Glückliche Momente hinterlassen Eindrücke auf der Seele. Aber auch unsere Sinne speichern Augenblicke des Glücks ab, und das Gehirn verknüpft Bilder, Gerüche oder Geräusche mit Emotionen. Oft reicht es dann, etwas Bestimmtes zu sehen oder zu riechen, um sich gut zu fühlen und den vergangenen Glücksmoment wieder wachzurufen. Legen Sie sich darum eine kleine „Schatzkiste" mit Dingen an, die Ihren Glücksgefühlen auf die Sprünge helfen. Sie brauchen dazu einen mit schönem Papier überzogenen Schuhkarton oder eine besondere Holzschachtel. Füllen Sie Ihre persönliche „Schatzkiste" anschließend mit Erinnerungen, Kleinigkeiten und Souvenirs: eine getrocknete Blume vom letzten Urlaub in den Bergen, einen Stein aus dem Garten Ihres Freundes aus Kindertagen, eine Postkarte Ihrer ersten Jugendliebe.

*Wertvoller als Gold, Silber
und Perlen: innere Harmonie,
Liebe und privates Glück.
Bewahren Sie es! Schätzen Sie es!*

Glück herbeischnuppern

Gerüchte und Düfte sind besonders starke Erinnerungsträger, denn sie bleiben im Gedächtnis fest mit dem begleitenden Ereignis und Gefühl verankert. Sie lassen sich durchaus auch für eine „Schatzkiste" der glücklichen Momente einfangen, sodass Sie Ihr Glück nach Bedarf immer wieder herbeischnuppern können.

Oder Sie schnuppern an unterschiedlichen ätherischen Ölen, und die, die Ihnen angenehme Gefühle bereiten und scheinbar längst vergessene Augenblicke wachrufen, gehören auf alle Fälle in Ihre „Schatzkiste". Sie können zum Beispiel auch Ihr Parfüm, das Sie an einem bestimmten glücklichen Tag aufgelegt hatten, auf einen Wattebausch sprühen. Legen Sie die Watte in ein verschraubbares Döschen, verschließen Sie es, und öffnen Sie es nur zum „Glück-Herbeischnuppern".

Zelebrieren *Sie Ihr Wochenende*

Das Wochenende ist die Zeit, sich ausgiebig um sich selbst zu kümmern. Ausschlafen, ein Buch lesen, abends ein Glas Wein mit Freunden trinken – erlauben Sie sich, eine Auszeit zu nehmen. Vielleicht haben Sie sogar Zeit für einen Kurzurlaub. Wenn nicht, können Sie trotzdem verreisen – in Gedanken und zu den unterschiedlichsten Zielen. Ein paar „Reiseziele" haben wir für Sie zusammengestellt …

Sich selbst zu spüren, hilft, den Kontakt zu sich selbst nicht zu verlieren.

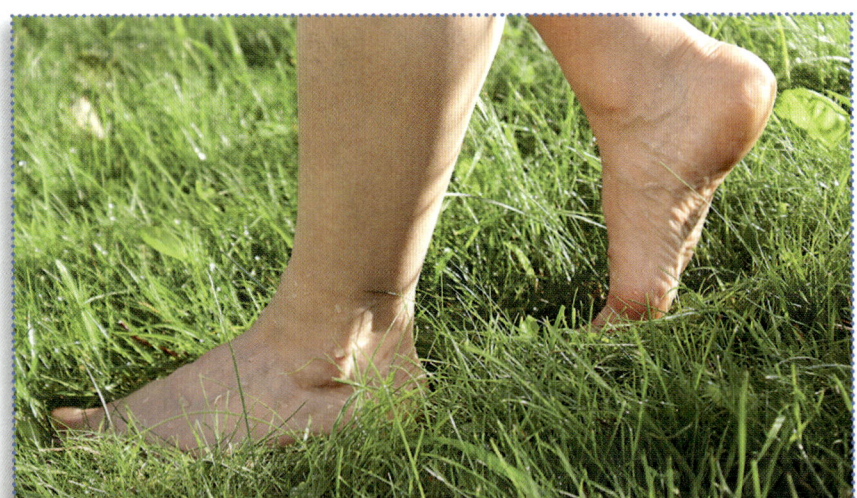

Kinderträume aus Seifenblasen: Erfüllen Sie sich solche geheimen Wünsche, und fühlen Sie sich bloß nicht albern dabei.

Wieder Kind sein? Tun Sie es!

„Ach, Kinder haben es gut. Die dürfen noch ihre Entdeckungen machen, sind unbeschwert und machen sich nicht so viele Gedanken", meint Julia, während sie zwei Kindern beim intensiven Beobachten einer Schnecke zusieht. Wie wäre es mit einem kleinen Ausflug für Sie in die Kindheit? Werden Sie noch einmal klein, entdeckungsfreudig und unvoreingenommen:

- Laufen Sie barfuß über eine Wiese – oder einfach durch die Wohnung. Spüren Sie die Bodenhaftung, Ihren Untergrund und die Temperatur des Bodens. Und denken Sie während des Barfußlaufens nur daran und an nichts Anderes.

- Lassen Sie einen Käfer über ihre Hand krabbeln. Nehmen Sie sich Zeit, um einfach nur mal neugierig zu beobachten, was Menschen, Tiere, Dinge oder Geräusche in Ihrer Umgebung machen. Es gibt viel zu entdecken!

- Fangen Sie Regentropfen mit Ihrem Mund auf. Machen Sie Seifenblasen, und beobachten Sie deren Gleiten durch die Luft. Versuchen Sie, auf einem Grashalm zu pfeifen. Nehmen Sie einen Augenblick mit allen Sinnen wahr!

Verreisen Sie im Kopf

Eine Reise „nach innen" ist mindestens genauso erholsam und erlebnisreich wie echtes Verreisen. Für eine Fantasiereise bitten Sie am besten jemanden aus Ihrer Familie oder einen Freund, Ihnen folgende Impulse vorzulesen. Sie legen sich für die Dauer der „Reise" auf eine Decke auf den Boden oder auf die Couch. Versuchen Sie, die Augen zu schließen oder Ihren Blick ins Leere zu richten.

Ihr „Reiseführer-Text" für die Fantasiereise

Mach es dir bequem. Werde ruhig. Konzentriere dich nur auf dich selbst. Atme gleichmäßig ein und aus. Alle Geräusche um dich herum sind unwichtig, verhallen. Höre nur deinen Atmen. Spüre deinen Körper, die Unterlage, auf der er liegt, wie er sich anfühlt, während du ruhig wirst und entspannt atmest. Alles fühlt sich warm und schwer an: Deine Zehen und Füße, deine Beine und dein Becken. Dein Rücken, deine Arme und Hände, dein Nacken und dein Kopf. Die Ruhe um dich herum breitet sich in dir aus. Jetzt machst du dich auf die Reise.

Deine Gedankenreise bringt dich auf eine wunderbare, kleine Insel.

Sie ist genau so, wie du dir eine Insel nur für dich erträumst. Es ist dort angenehm warm. Es riecht gut. Du hörst schöne Geräusche.

Langsam schlenderst du über die Insel. Setze einen Fuß vor den anderen.

In Gedanken am Strand einer karibischen Insel lustwandeln – tauchen Sie ab, und fantasieren Sie sich davon, wenigstens für ein paar Minuten.

Gehe langsam Schritt für Schritt. Du betrachtest den Boden unter deinen Füßen. Darauf zu gehen, fühlt sich leicht und harmonisch an. Du siehst dich um. Was entdeckst du neben dir? Schau nach rechts und nach links. Welche Farben kannst du erkennen? Gibt es Pflanzen oder Tiere? Lass die Eindrücke auf dich wirken.

Jetzt setzt du dich auf den Boden. Lass deine Hände tasten, wie sich der Untergrund anfühlt. Was spürst du? Fühlt es sich weich oder hart an? Lege dann deinen Kopf in den Nacken. Wie sieht deine Insel aus der Perspektive aus? Kannst du Baumkronen erkennen? Oder Wolken am Himmel ziehen sehen? Sammle Eindrücke, und lass sie auf dich wirken.

Nun lauschst du, welche Geräusche es auf deiner Insel gibt. Höre genau hin. Wie klingt die Umgebung um dich herum? Hörst du ein Zirpen, Plätschern, Rauschen, Zwitschern? Höre genau hin, und freu dich über die Töne.

Atme noch einmal den Geruch deiner Insel tief ein. Sauge den Duft deiner Insel in dir auf. Sieh dich noch ein letztes Mal um, und lass das Gesehene auf dich wirken. Dann stehst du langsam wieder auf. Du verabschiedest dich von deiner Insel. Entspannt und gestärkt kehrst du wieder in die Wirklichkeit zurück.

Hebe deine Arme über den Kopf, und strecke dich. Vielleicht magst du gähnen. Wenn du so weit bist, öffnest du langsam deine Augen. Herzlich willkommen wieder zu Hause!

8 Pfund nächtliche **Auszeit**

Auch ein paar Stunden mit dem Partner auf der Couch geben Ihnen wertvolle Kraft zurück.

Ihre Psyche, Ihr Stoffwechsel und Ihr Immunsystem sind nur einige der vielen Körperfunktionen, die eine Erholungs- und Regenerationsphase über Nacht benötigen. Das ist bei allen Menschen so. Die benötigte nächtliche Schlafmenge allerdings ist unterschiedlich.

So schlafen Sie sich gesund

Essen Sie am Abend nicht mehr zu schwer, vermeiden Sie Aufregungen und starke körperliche Anstrengungen. Ein leichtes Workout oder ein entspannter Spaziergang dagegen wirken Schlaf fördernd. Legen Sie sich dann in einem gut gelüfteten Raum bei ca. 18° C zur Ruhe.

Wenn sich nachts das Gedankenkarussell dreht:

Legen Sie Bleistift und Block neben das Bett, und halten Sie Ihre Gedanken oder Einfälle schriftlich fest. Um wieder einschlafen zu können, hilft eine Tasse Tee (kein Schwarztee) oder Lesen.

Siesta heißt jetzt Power-Napping …

… und ist nicht mehr nur etwas für Rentner! Nach einem kurzen Mittagsschlaf auf der Mitarbeitercouch im Pausenraum erhöht sich Ihre Leistungsfähigkeit bei der Arbeit wieder, die Fehlerquote sinkt. Sogar Herzinfarkten soll durch ein Nickerchen vorgebeugt und das Immunsystem gestärkt werden.

8. Kurze Auszeit – „Time-out"
im Mitarbeiterzimmer

So wichtig ist das Mitarbeiterzimmer

Nur wer sich ganz dem Augenblick hinzugeben versteht, mag etwas hervorbringen, das keine Zeit zerstört.

Arthur Schopenhauer

Ihr Mitarbeiterzimmer ist …

- ein Raum, in dem sich alle wohlfühlen.
- ein geschützter Ort.
- ein Arbeitsplatz.
- ein Rückzugsort zum Abspannen und Loslassen.
- eine Insel der Ruhe.
- immer für Sie da.

Das ist eine Illusion, meinen Sie? Warum? Es liegt an Ihnen, all das aus Ihrem Mitarbeiterzimmer zu machen. Lassen Sie nicht zu, dass dieser wichtige Raum in seiner Funktion verlorengeht und umfunktioniert wird zum Lagerraum oder zur Abstellkammer. Treffen Sie im Team klare Absprachen darüber, was in diesem Raum stattfinden soll, und richten Sie ihn dementsprechend danach ein. Elterngespräche und Besuche von Vertretern beispielsweise können leicht ausgelagert werden. Denn der Mitarbeiterraum sollte den Mitarbeitern auch wirklich für ihre Bedürfnisse zur Verfügung stehen.

Der Welt den Rücken kehren – das sollte manchmal auch für Erzieherinnen möglich sein. Warum nicht mal kurz ins Mitarbeiterzimmer zurückziehen?

Ein Schnüffelparcours oder: den Raum riechen können

Wie riecht es in Ihrem Mitarbeiterzimmer? Nach Knete, Gummisohlen oder Erdbeerjoghurt? Gerüche lösen Emotionen in uns aus, denn unser Geruchsgedächtnis speichert Düfte und die dazu passenden Gefühle über Jahre. Damit Sie sich in Ihrem Mitarbeiterzimmer auch wirklich gerne aufhalten, können Sie mit einigen Geruchsimpulsen nachhelfen. Richten Sie einen kleinen „Schnüffelparcours" ein, zum Beispiel als Potpourri, das Sie in einer Schale auf den Tisch stellen, oder mit ätherischen Ölen in einer Duftlampe.

Kleine „Duftwirkungskunde"

Anis
… wirkt entspannend, ausgleichend und stabilisierend.

Bergamotte
… wirkt entkrampfend, stimmungsaufhellend und Angst lösend.

Kamille
… wirkt beruhigend und fördert die Harmonie.

Lavendel
… wirkt ausgleichend, entspannend und belebend.

Melisse
… wirkt harmonisierend und stärkend.

Freude

*Lavendel – eine Medaille
mit zwei praktischen Seiten:
riecht angenehm und hält
Motten und Co. fern.*

Orange

… wirkt erfrischend, erwärmend und fördert die Kreativität.

Pfefferminze

… wirkt erfrischend und gedächtnisstärkend.

Rosenholz

… wirkt entspannend, aufhellend, ausgleichend und harmonisierend.

Rosmarin

… stärkt die Willens- und Durchsetzungskraft und hilft bei Erschöpfung und Migräne.

Zimt

… wirkt anregend, ausgleichend und nervenstärkend.

Zitrone

… wirkt erfrischend und belebend.

Entspannung

Rückzugsräume *ansprechend gestalten*

Wie sieht es in Ihrem Mitarbeiterraum aus? Um wirklich gerne den Raum zu nutzen, sollte er ansprechend und erholsam zugleich wirken. Das gelingt Ihnen durch Farben, Möbel und Pflanzen ohne großen finanziellen und zeitlichen Aufwand.

Das Leben ist bunt!

Ist in Ihrer Kita mal wieder ein neuer Anstrich fällig? Dann wählen Sie die Farben Ihres Mitarbeiterraums mit Bedacht aus. Schon Johann Wolfgang von Goethe hat die Wirkung von Farben erkannt und beschrieben. Denn Farben beeinflussen unser Wohlbefinden und unsere Stimmung. Hier eine kleine Farbkunde als Auswahlhilfe für die Wandfarben Ihres Mitarbeiterraumes:

Gelb
… wirkt anregend, heiter, befreiend – passt in die „Kontaktecke", also als Wandfarbe hinter die Sitzecke.

Orange
… wirkt wärmend – passt ins Mitarbeiterzimmer und in Büros mit nüchterner Architektur und wenig Sonnenlicht.

Mut zur Farbe! Ein farbenfroher Raum regt die Sinne an und wirkt freundlich und einladend.

109

Hellgrün

... *wirkt weich und besänfti-
gend – passt als Wandfarbe
zu Gesprächsecken und
Sitzgruppen.*

Hellblau

... *sorgt für Klarheit –
die optimale Wandfarbe
für Büroecken oder
das Kita-Büro.*

Braun und Beige

... *wirken klar und beständig –
passen als Hintergrund fürs
Bücherregal in Mitarbeiterzimmer und Kita-Büro.*

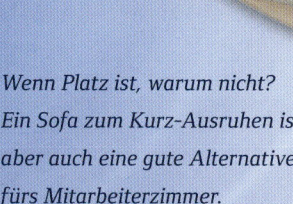

*Wenn Platz ist, warum nicht?
Ein Sofa zum Kurz-Ausruhen ist
aber auch eine gute Alternative
fürs Mitarbeiterzimmer.*

Zeit für Gemütlichkeit

Auch wenn Ihr Träger Ihnen vermutlich keine Designercouch für Ihr Mitarbeiterzimmer finanziert – die kostengünstige Variante tut es auch. Hauptsache,
alle Teammitglieder finden die Sitzgelegenheiten im Rückzugsraum gemütlich
und bequem. Beziehen Sie also bei der Auswahl besonders diejenigen Kollegen
und Kolleginnen ein, die besondere Bedürfnisse haben, weil sie zum Beispiel
auf Grund ihrer Größe höhere Rückenlehnen brauchen.

Es grünt so grün

Pflanzen machen einen Raum lebendig, sorgen für gute Luft und einen angenehmen Duft. Doch Pflanzen können noch mehr: Sie beeinflussen unsere
Stimmung, versorgen uns mit Essbarem und können heilen helfen. Diese Über-
legungen sollten Sie bei der Auswahl der Pflanzen für das Mitarbeiterzimmer
aber auch fürs Kita-Büro mit einbeziehen.

Es muss ja nicht gleich die Palme
(von der Tapete) sein.

Zitrusbäumchen für Nase, Augen und Gaumen

Mandarinen- oder Zitronenbäumchen können Ihr Mitarbeiterzimmer so richtig
aufwerten. Denn das Besondere an diesen Pflanzen ist, dass sie gleichzeitig
blühen und Früchte tragen. So ist für das Auge immer etwas geboten. Außerdem verströmen die Blüten von Zitruspflanzen einen besonders intensiven
Duft, der anregend und ausgleichend zugleich wirkt. Die Zitrusfrüchte können
Sie auch noch ernten. Wie wäre es mit einer leckeren Zitronenbowle zur
nächsten Teamsitzung?

Zuversicht

Ruhe

Bonsai – Meditationsanstoß aus Asien

Diese fernöstliche Gartenkunst ist eine Augenweide und wirkt auf die Pflanzenpfleger zugleich ausgleichend und meditativ. Denn Bonsai meint die Kunst, Sträucher und Bäume in einem kleinen Gefäß zur Wuchsbegrenzung zu ziehen und immer wieder zu beschneiden. So entstehen Zwergpflanzen, die zwar gepflegt und nachgeschnitten werden müssen, aber zugleich für den Betrachter ein ästhetischer Genuss sind.

Kräuter grünen, schmecken und heilen

Es müssen nicht immer Blumen oder Zierpflanzen sein, die die Fensterbank in Ihrem Mitarbeiterzimmer schmücken. Wie wäre es, wenn Sie angenehmes Grün mit Nutzen verbinden würden? Das geht, indem Sie auf Kräuter als Pflanzenschmuck im Rückzugsraum zurückgreifen. Ob Minze, Melisse oder Thymian – die Kräuter können Sie nicht nur betrachten, sondern auch ernten. Geeignet sind sie beispielsweise zum Bestreuen von Butterbroten beim nächsten Teamfrühstück. Oder Sie gießen sie mit heißem Wasser auf und genießen sie als Tee. Dabei entfalten die ätherischen Stoffe in den Kräutern dann auch noch besonders beruhigende und häufig auch antiseptische Wirkungen.

Mindestens drei Fliegen mit einer Klappe: Deko, die man schmecken kann. Aroma, das man riechen kann …

„Ich **halt's** nicht mehr aus!"

Kennen Sie das? Es überkommt Sie plötzlich das Gefühl, dass Sie es keine Sekunde länger mehr im Gruppenraum aushalten können. Der Lärmpegel, die wuselnden Kinder..., und Ihre Nerven spielen einfach nicht mehr mit. Dann gestehen Sie sich das ein, sorgen Sie für sich, und suchen Sie eine Auszeit. Eine kurze Information darüber an eine Kollegin, die in Ihrer Abwesenheit die Aufsicht übernimmt, genügt. Nutzen Sie das Mitarbeiterzimmer, um wieder Kraft zu tanken. Machen Sie eventuell einige Übungen aus dem Kapitel „Das gehört dazu – Krisen und Konflikte meistern" (vgl. Seite 117), essen oder trinken Sie eine Kleinigkeit, und widmen Sie sich danach wieder gestärkt Ihren Aufgaben mit den Kindern.

Aahhh! Manchmal sehen auch Sie Gelb. Und das darf ruhig auch mal sein.

Bloß **kein Chaos** im Büro mehr

Mit seiner Verbundenheit zum Chaos hatte Nietzsche sicherlich Recht, denn nur, wenn nicht alles steril und durchorganisiert ist, hat der „Geist" die Möglichkeit, „umherzuschweifen". Doch wenn Sie sich in die kindfreien Zonen Ihrer Kita – also Büro oder Mitarbeiterzimmer – zurückziehen, brauchen Sie eine gewisse Ordnung, um abzuschalten oder sich auf Sachliches, wie Telefonate oder Dokumentationen, zu konzentrieren. Schaffen Sie darum Ordnung!

Man muss noch Chaos in sich haben, um einen tanzenden Stern gebären zu können. Friedrich Nietzsche

Mut

Ein gut organisiertes Büro mit Struktur verhindert langes Suchen und lästiges Immer-wieder-in-die-Hand-Nehmen von Bastelutensilien, Elternbriefen, Rundschreiben … Und wie geht das, das Chaos zu verbannen? Mit kleinen Tipps und Kniffen ist das gar nicht so schwer …

Inventur auf dem Schreibtisch

Nehmen Sie sich als Erstes Ihren Schreibtisch vor. Machen Sie richtiggehend eine Inventur Ihres Arbeitsplatzes. Die nachfolgende Tabelle ist ein kleiner Aktionsplan und Checkliste zum Abhaken in einem, mit der Sie Ihren Schreibtisch Schritt für Schritt von unnötigem Ballast befreien können.

Ordnung muss sein – und dafür müssen Sie Ihre Stifte nicht gleich nach Farbverlauf sortieren. Mit kleinen Tricks behalten Sie den Überblick.

Schreibtischordnung Schritt für Schritt

☐ Räumen Sie ALLES von Ihrem Schreibtisch.

☐ Legen Sie nur auf Ihren Schreibtisch zurück, was Sie TÄGLICH benötigen.

☐ Stellen Sie zu den Unterlagen Arbeitshilfen, die praktisch und griffbereit sind, zum Beispiel Stifte in senkrechten Behältnissen.

☐ Positionieren Sie als Rechtshänderin das Telefon links und einen Notizblock rechts – als Linkshänderin umgekehrt.

☐ Besorgen Sie sich vier Ablagefächer bzw. -boxen.

☐ Beschriften Sie die Ablagen zum Beispiel mit „Eingang", „Ausgang", „Informationen für alle" und „Abheften".

☐ Platzieren Sie die Ablagen auf dem Schreibtisch so, dass Sie direkt darauf zugreifen können.

☐ Räumen Sie alle Schubläden Ihres Schreibtisches leer.

☐ Überlegen Sie sich eine Einteilung Ihrer Schubladen. Oben sollten die Dinge einsortiert werden, die Sie häufiger benötigen, unten diejenigen, die Sie weniger oft brauchen.

☐ Räumen Sie die Utensilien zurück in die Schubladen. Zurück kommen jedoch nur diejenigen Dinge, die Sie mindestens einmal monatlich benötigen.

☐ Legen Sie sich einen großen Papierkorb zu.

☐ Trennen Sie sich von allen Dingen, die Sie bisher nicht benötigt haben.

☐ Schaffen Sie sich einen Platz im Büro für Dinge, die Sie nur sehr selten benötigen. Diese legen Sie in einem beschrifteten Ordner ab.

Die Basis einer gesunden Ordnung ist ein großer Papierkorb.
Kurt Tucholsky

Eine klare Ordnung wirkt beruhigend. Denn äußere Ordnung kann Ihre innere Ordnung und Zufriedenheit begünstigen.

Gold wert? Ja, denn Ordnung schenkt Zeit, und Zeit ist Gold!

Ordnung im gesamten Kita-Büro

Gehen Sie nach dem Schreibtisch auch andere Arbeitsbereiche in Ihrem Kita-Büro an. Sie können dabei ähnlich vorgehen: Alles, was Sie häufig benötigen, sollte griffbereit in Ihrer Nähe sein. Hilfreich für eine Ordnung im Büro sind unterschiedliche Ordnungssysteme, wie Stehordner, Hängeordner, Karteien oder Aufbewahrungsboxen. Dabei sollten Sie diese wenigen Punkte im Blick haben:

Schaffen Sie sich Ordnungssysteme

Wenn Sie auf den ersten Blick sehen, was in jeder Mappe ist, ersparen Sie sich langes Suchen. Nehmen Sie sich dazu am Ende des Tages oder einer Woche immer etwas Zeit, um Ihre Ablagen auf dem Schreibtisch so weit wie möglich zu leeren und die Unterlagen in den entsprechenden Ordnern im Büro abzuheften. Damit unternehmen Sie aktiv etwas gegen einen überquellenden Schreibtisch.

Haben Sie Mut zum Entsorgen

Dinge, die Sie im letzten Jahr nicht benötigt haben, können Sie getrost entsorgen (außer natürlich Unterlagen, zu deren längerer Aufbewahrung Sie verpflichtet sind, spezielle Fachliteratur usw.). Wenn Sie viele nicht benötigte Dinge horten, kann Folgendes passieren: Irgendwann werden Sie diese Dinge wieder benötigen, aber Sie werden sich vielleicht gar nicht mehr daran erinnern, dass Sie diese schon haben, und sie dann vermutlich neu anschaffen. Nehmen Sie sich Zeit, um Ihr Büro entsprechend zu strukturieren. Die Zeit, die Sie dabei investieren, werden Sie durch schnellere Arbeitshandgriffe später vielfach einsparen!

Gelassenheit

9. Das gehört dazu – Krisen und Konflikte meistern

Konflikte als **Chance**

*Manchmal lässt es
sich nicht vermeiden,
dass man Anstoß erregt.*

Vincent van Gogh

„Wir sind ein so tolles Team – bei uns gibt es nie Konflikte", meint Steffi, die als Leiterin einer Kita arbeitet. Hier muss wohl gesagt werden: Irgendwas stimmt da nicht. Denn Meinungsverschiedenheiten und Reibereien sind normal und natürlich, wenn Menschen zusammenarbeiten. Doch Konflikte stören die Harmonie. Darum empfinden wir Konflikte häufig als negativ. Werden aus Unstimmigkeiten und verschiedenen Positionen Machtkämpfe und destruktive Gespräche, wirken diese sich auch wirklich negativ auf unser Wohlbefinden aus. Dauerhafte schlechte Stimmung und schwelende Konflikte können sogar gesundheitliche Probleme – von Kopfschmerzen über Schlafstörungen bis hin zum Burnout – bereiten. Darum lohnt es sich, Konflikte konstruktiv und achtsam anzugehen, statt vor Wut überzuschäumen oder Dinge unter den Teppich zu kehren.

Dein Problem – mein Problem?

Egal mit wem sich Ärger anbahnt – sind Spannungen in der Luft, sollte Ihre erste Überlegung sein: Wer hat hier ein Problem? Denn nicht für jeden Konflikt sind Sie zuständig! Streiten sich zwei Kinder, haben die beiden offensichtlich miteinander ein Problem. Erklärt eine Kollegin, dass eine Mutter am Morgen aufbrausend war, haben die beiden ein Problem. Sie müssen nicht für alles Verantwortung übernehmen. Haben nicht Sie, sondern andere ein Problem, können Sie Ihre Unterstützung anbieten. Aber Sie müssen deren Schwierigkeiten nicht lösen!

*Stress ja! Aber wessen?
Sie sind nicht für alles verantwortlich.*

Wenn Kinder sich
in der Wolle haben

Wenn sich zwei Kinder streiten, sind Sie in erster Linie der oder die beobachtende Dritte. Wie gehen Sie am besten mit Konflikten unter Kindern um?

Praxisbeispiel

Stellen Sie sich vor, in der Bauecke streiten sich Mia und Paul, wer mit dem einzigen roten Bagger spielen darf. Die Erzieherin Hanna hört das Geschrei und reagiert alarmiert, weil Paul bereits dabei ist, Mia zu beschimpfen. Darum geht sie zu den beiden. Sie versucht, die Streithähne zu beruhigen, und schlägt vor: „Wie wäre es, wenn zuerst Mia mit dem Bagger spielt. Paul nimmt solange das Feuerwehrauto. Und in fünf Minuten tauscht ihr." Die beiden Kinder gehen auf den Vorschlag ein. Doch drei Minuten später hört Hanna, dass Mia und Paul sich schon wieder in der Wolle haben. Aber warum? Sie hatte doch so einen guten Vorschlag für die beiden.

„Ich hatte den blauen Bus zuerst!" Das könnte gleich kommen… Und vielleicht geht es dann nicht mehr ohne Sie – aber als Moderatorin statt Richterin.

Moderieren statt einmischen

Ein Sprichwort besagt: *„Vorschläge sind auch Schläge"*. In dem vorangegange-nen Praxisbeispiel hat Hanna es wirklich gut gemeint. Dennoch hat sie den Kindern eine Lösung vorgeschlagen, die sie als am besten geeignet empfand. Und das ist nicht unbedingt die Lösung, die für die beiden Kinder die beste Wahl darstellt. Deshalb ist es wichtig, Kindern die Chance zu geben, selbst eine Lösung für Streit und Konflikte zu finden. So lassen Sie zum einen das Problem auch wirklich dort, wo es hingehört – nämlich bei den Kindern. Und zum ande-ren lernen die Kinder dadurch nach und nach, ihre Streitigkeiten selbst zu regeln. Doch um herauszufinden, was Kinder brauchen, um ihren Streit beizu-legen, brauchen sie eventuell Ihre Unterstützung. Die beste Strategie bei Konflikten unter Kindern ist darum: Moderieren Sie den Streit. Wie das geht? Dafür gibt es ein paar einfache, aber wesentliche Regeln, die Sie beachten sollten, wenn Sie bei Ihrer Moderation Schritt für Schritt vorgehen:

Wenn Kinder ihren Streit selbst beilegen können, kehrt schnell und sicher wieder Frieden ein.

Zuversicht

Alle mit ins Boot holen

Wollen Sie den Kindern anbieten, ihnen bei der Konfliktlösung zu helfen, müssen auch alle damit einverstanden sein, den Streit nun gemeinsam unter die Lupe zu nehmen. Fragen Sie bei den Kindern nach, ob das klar geht und jeder bereit ist, mitzumachen.

Jeder darf zu Wort kommen

Worum ging es bei dem Streit eigentlich? Fragen Sie bei beiden Seiten nach. Und sorgen Sie dafür, dass jedes Kind seinen Standpunkt sagen darf. Das Gesagte fassen Sie dann am besten in wenigen Worten noch einmal zusammen.

Wer möchte was?

Jetzt darf jedes Kind sagen, was es sich wünschen würde und warum. Haken Sie nach, was dahintersteckt. Kitzeln Sie so raus, was die echten Bedürfnisse der einzelnen Kinder sind.

Eine passende Lösung finden

Jedes Kind darf schließlich einen Vorschlag machen, welche Lösung für alle gerecht wäre. Fassen Sie alle Vorschläge zusammen. Überprüfen Sie schließlich mit den Kindern, ob die Vorschläge auch zu den Bedürfnissen der einzelnen Streitparteien passen.

Vereinbarungen treffen

Am Ende wird die für alle beste Lösung ausgewählt. Nennen Sie als Moderator noch einmal die genaue Vereinbarung – die Kinder besiegeln diese, indem sie sich die Hand geben.

> *Die schönste Harmonie entsteht durch Zusammenbringen der Gegensätze.*
>
> *Heraklit von Ephesus*

Wenn's mit Eltern Ärger gibt

„Ständig ist Lukas schmutzig, wenn ich ihn abholen will. Können Sie nicht darauf achten, dass er draußen nicht immer so herumtobt?", beschwert sich eine Mutter beim Abholen. Verärgert stemmt sie ihre Arme in die Seiten und sieht Ulli, die Erzieherin, herausfordernd an. Wenn Eltern mit Beschwerden zu Ihnen kommen, ist es nicht immer leicht, ruhig und gelassen zu bleiben. Angriffe können verunsichern und verletzen. „Wenn die mir so kommt, würde ich am liebsten sofort zurückpoltern", denkt Ulli. Doch als Erzieherin ist sie Profi. Außerdem würde ein Schlagabtausch das Verhältnis zwischen Eltern und Kita belasten. Das würde auf Kosten des Kindes gehen. Gehen Sie die Konflikte stattdessen professionell an. Folgende Tipps helfen, in schwierigen Situationen mit Eltern Fachlichkeit zu zeigen und Ruhe zu bewahren.

Wer seinen Ärger verkürzt, verlängert sein Leben. Aus Schweden

Stellen Sie sich der Beschwerde

Auch wenn sich die Eltern in ihrem Ärger vielleicht im Ton vergreifen: Sie zeigen Ihnen, dass etwas nicht rund läuft. Versuchen Sie, sich nicht zu rechtfertigen oder wütend zu reagieren. Betrachten Sie die Beschwerde sachlich. Der Inhalt der Botschaft zählt! Nehmen Sie sich also Zeit, um mit den ärgerlichen Eltern zu sprechen. Sagen Sie zum Beispiel: „Ich höre, dass Sie sich geärgert haben. Nach der Abholzeit in 10 Minuten habe ich Zeit für ein Gespräch."

Zeigen Sie Verständnis – auch wenn's schwer fällt

Hinter der Beschwerde der Eltern steckt ein unerfülltes Bedürfnis oder eine Verletzung. Versuchen Sie, das zu erkennen. Das bedeutet nicht, dass Sie den Fehler bei sich suchen sollen. Vielmehr sollten Sie versuchen, die Eltern zu verstehen. Sagen Sie zum Beispiel: „Sie haben sich geärgert, dass Sie Lukas nun ziemlich schmutzig ins Auto setzen müssen."

Suchen Sie gemeinsam nach einer Lösung

Für jedes Problem gibt es eine Lösung. Die müssen Sie sich nicht aus dem Ärmel schütteln. Gehen Sie die Suche nach Möglichkeiten lieber gemeinsam an. Fragen Sie nach, was die Eltern brauchen oder sich vorstellen. Überlegen Sie gemeinsam, was machbar ist. Sagen Sie zum Beispiel: „Wenn Sie eine Tüte mit Wechselkleidung mitbringen und in der Kita lassen, kann sich Lukas vor dem Abholen umziehen."

Ihr Ziel: ein gutes Verhältnis schaffen

Schaffen Sie es, Auseinandersetzungen mit Eltern ruhig und sachlich auszutragen, wird das letztlich das Vertrauen der Eltern in Sie und die Kita stärken. So legen Sie den Grundstein für eine gute Erziehungspartnerschaft. Davon profitieren Kind, Eltern und Sie gleichermaßen.

„Es wird wenigstens alles einmal probiert?" – Sie kennen solche leidigen Debatten übers Essen, die auch mal zu Meinungsverschiedenheiten mit den Eltern führen können. Doch bleiben Sie sachlich.

*Manchmal reinigt ein Gewitter
auch die Luft …*

*Ein Weg entsteht,
wenn man ihn geht.*

Aus China

Stress **im Team**

„Augen zu und durch – das wird schon wieder" – leider ist diese Vogel-Strauß-Taktik bei Konflikten im Team keine gute Variante, um damit umzugehen. Gründe, warum es in einem Kita-Team kriseln kann, gibt es genug: Überlastung der Teammitglieder, unterschiedliche Ziele und Arbeitsweisen, Ungleichgewicht bei der Aufgabenverteilung usw. Um solche Konflikte langfristig aus der Welt zu schaffen, müssen Sie sich mit Ihren Reibungspunkten auseinandersetzen und gemeinsam und konstruktiv an einer verträglichen Lösung arbeiten.
Für die emotional aufgeladene Konfliktsituation gibt es jedoch auch wirksame Sofort-Maßnahmen, die Ihnen in der unmittelbaren Konfliktsituation erst einmal helfen, die Lage zu entschärfen.

Konflikte frühzeitig erkennen

Statt Unstimmigkeiten auszusitzen, ist es effektiver und nachhaltiger, sich Konflikten zu stellen. Dazu ist es wichtig, Anzeichen eines Konflikts wahr- und ernstzunehmen. Trauen Sie sich also, es anzusprechen, wenn Sie merken,

- dass jemand im Team etwas missverstanden hat.

- dass eine Kollegin sich zurückzieht und sich nicht mehr am Gespräch beteiligt.

- dass Informationen nicht an alle Teammitglieder weitergegeben werden.

- dass Sie selbst unzufrieden mit einer Situation oder Entscheidung sind.

Am besten sprechen Sie Ihre Beobachtung oder Empfindung in einem Gespräch unter vier Augen direkt bei der Kollegin oder dem Kollegen an. Formulieren Sie „Ich-Botschaften", ohne Ihre Beobachtungen zu bewerten. Sagen Sie zum Beispiel: „Ich habe den Eindruck, dass du heute in der Dienstbesprechung besonders wenig gesagt hast." Durch ein beherztes Ansprechen von ersten Konfliktanzeichen lassen sich häufig schnelle und unkomplizierte Lösungen finden und schwer wiegende Probleme im Team meist verhindern.

Reden Sie offen und frühzeitig über Ihre Probleme, denn heimlicher Groll führt Sie und Ihr Team nur in eine Sackgasse.

Wenn die Luft brennt, löschen Sie mit Wasser.

Abkühlen statt überkochen

Sie sind ziemlich sauer und geladen? Dann denken Sie daran: Das Gefühl der Wut ist ein Signal dafür, dass Ihre Bedürfnisse nicht erfüllt wurden oder zu kurz gekommen sind. Wut ist also ein wichtiger „Befindlichkeitsanzeiger" und darf sein! Doch wütend in eine Auseinandersetzung zu gehen, bringt nichts. Denn dann ist das Ziel des Gesprächs meist nur, dem Ärger Luft zu machen. Dabei können keine konstruktiven Lösungen gefunden werden. Darum: Kühlen Sie sich vor einem Konfliktgespräch erst mal ab. Wie wär's damit?

Eine Runde um den Block
Nehmen Sie sich eine kurze Auszeit. Gehen Sie raus. Schnappen Sie etwas frische Luft. Denn zeitlicher und räumlicher Abstand zum Problem beruhigt. So können Sie anschließend gelassen mitteilen, was Sie gestört hat – und sind für Lösungsvorschläge offen.

Schluck für Schluck die Wut wegspülen
Holen Sie sich ein Glas Wasser. Trinken Sie es langsam Schluck für Schluck aus. Stellen Sie sich vor, dass Sie Ihren Ärger mit jedem Schluck wegspülen. Wenn das Glas leer ist, schließen Sie für einen Moment die Augen. Atmen Sie tief durch. Merken Sie, dass sich eine gewisse Leichtigkeit eingestellt hat?

Anspannung abschütteln
Mit Bewegung lässt sich Wut häufig „abschütteln". Gehen Sie kurz aus dem Zimmer. Spannen Sie Arme, Beine und Kiefer kräftig an. Halten Sie diese Spannung für einen Moment. Dann lassen Sie los. Die Anspannung wird so von alleine weniger. Nun schütteln Sie erst die Hände, dann die Arme und schließlich die Beine aus. Dieses „Gezappel" lockert und schenkt Ihnen neue Energie und Gelassenheit.

Entspannun

Fingerdruck gegen drückenden Ärger

Eine kleine so genannte „Shiatsu-Massage" hilft beim Entspannen und beim
Druck-Abbauen. Diese Übung können Sie notfalls auch unter dem Tisch
machen: Legen Sie Ihren rechten Mittelfinger zwischen Daumen und Zeigefinger der linken Hand. Massieren Sie etwa 15 Sekunden mit dem rechten
Zeigefinger den unteren Rand Ihres rechten Mittelfingernagels. Lassen Sie los,
und wechseln Sie die Hände. Jetzt wird der linke Mittelfinger massiert.

Kameraeinstellung ändern

Wenn Sie jemand verletzt hat oder Sie auf eine bestimmte Person so richtig
wütend sind, hilft es, seine eigene Kameraeinstellung zu ändern. Diese Ände-
rung der Sichtweise bewirkt, dass Sie die Drohgebärden Ihres Gegenübers
nicht mehr so ernst nehmen müssen, indem Sie Ihrem Gegenüber einfach
die Bedrohung und Übermacht nehmen, um so zur eigenen Gelassenheit zurückzufinden. Und so funktioniert es:

Stellen Sie sich vor, Sie sehen den anderen durch die Linse
einer Kamera. Ihr persönliches Sichtgerät hat viele wunderbare Einstellungen. Drehen Sie doch mal an den Knöpfen:

● Nehmen Sie die Farbe aus dem Bild. Jetzt erscheint Ihr
  Gegenüber in Schwarz-Weiß und wirkt gar nicht mehr
  so intensiv.

● Lassen Sie Ihr Gegenüber kleiner werden. Dazu drehen
  Sie langsam am „Zoom" Ihrer Kamera. Sie können je
  nach Empfinden so lange drehen, bis die andere Person
  nur noch ganz winzig ist.

*Sie dürfen eine Kollegin, über die
Sie sich geärgert haben, getrost
auch mal als Giftpilz wahrnehmen.
Wenigstens für einen Moment…*

Freude

- Stellen Sie ein Zerrbild ein. Drehen Sie am entsprechenden „Einstellungs-knopf". Die Proportionen Ihres Gegenübers verändern sich. Stellen Sie sich vor, dessen Kopf wird überdimensional groß oder klein. Die Gesichtszüge Ihres Gegenübers werden in die Länge oder Breite gezogen. So entstehen amüsante Effekte – wie in einem Spiegelkabinett.

Lavendel (-Pfannkuchen) hilft beim Entspannen

Wenn Sie Ihren Ärger mal mit nach Hause genommen haben, hilft dieses „Erste-Hilfe-Rezept" beim Abkühlen: Mischen Sie Mehl, Backpulver, Salz und Zucker in einer Schüssel. Verquirlen Sie Buttermilch und Ei, und geben Sie die Mehlmischung nach und nach dazu. Geben Sie die Hälfte des fertigen Teiges in eine heiße Pfanne mit zerlaufenem Butterschmalz. Auf die beiden warmen Pfannkuchen träufeln Sie schließlich je 1 EL Honig und streuen Lavendelblüten darüber.

2 Lavendel-Pfannkuchen
70 g Dinkelvollkornmehl
1 Messerspitze Backpulver
1 Prise Salz
1 TL Zucker
60 ml Buttermilch
1 Ei
1 EL Butterschmalz
2 EL Honig zum Bestreichen
einige Lavendelblüten

10. Inspiration –
der magische Mittwoch

Jede Woche **etwas Neues** – Wozu das?

If you always do, what you always did you will always get, what you always got.

Abraham Lincoln

Jede Woche am Mittwoch etwas Neues? Was könnte das wohl sein? Neue Wege gehen vielleicht oder ausgetretene Pfade verlassen? Einen anderen Blickpunkt einnehmen, Neues entdecken? Irgendetwas eine andere, bisher unbekannte Seite abgewinnen? Versuchen Sie es, und stellen Sie dabei selbst fest, ob „etwas Neues" in Ihrem Leben Sie inspirieren, bewegen und Ihnen etwas geben kann. Das müssen keine großartigen Dinge sein. Auch kleinste Veränderungen bewirken Erstaunliches in unserem oftmals festgefahrenen All-tag. Der magische Mittwoch soll Ihnen, als äußerlicher Rahmenplan sozusagen, dabei helfen. Die Idee dahinter ist Folgende: Jeden Mittwoch tun Sie etwas, was Sie bisher noch nie derart getan haben. Sie tun es den ganzen Tag lang und halten am Ende des Tages schriftlich fest, was dadurch das Besondere an diesem Tag war. Hier finden Sie Vorschläge für Ihren „magischen Mittwoch" im ersten Monat. Wenn Sie einmal damit begonnen haben, werden bei Ihnen sicher die Ideen sprudeln für weitere magische Mittwoch-Erlebnisse.

Gelassenheit

Zähneputzen mit links? Am Mittwoch machen Sie etwas, was Sie sonst nicht machen. Das inspiriert.

4 Ideen *für Ihren* magischen Mittwoch

Alles auf links! Oder rechts?

Egal ob Sie Linkshänderin oder Rechtshänderin sind, an diesem ersten magischen Mittwoch wechseln Sie Ihre dominante Hand so oft wie möglich und versuchen, alle gewohnten Tätigkeiten mit der anderen Hand auszuführen. Dies gilt natürlich nur, sofern es nicht die Sicherheit beeinträchtigt, wie etwa beim Autofahren oder Kinder-Halten. Beginnen Sie also damit, dass Sie morgens die Zähne mit der anderen Hand putzen. Auch beim Anziehen und beim Essen machen Sie alle gewohnten Bewegungen mit der Hand, die sonst eher unbeachtet bleibt. Schütteln Sie Kollegen doch auch mal die „andere" Hand, und testen Sie, ob es Ihnen möglich ist, so in ein Taschentuch zu schnäuzen oder ein Bild zu malen – die Kinder werden sicher begeistert sein von Ihren neuen Malkünsten.

Wie man in den Wald hineinruft …

An diesem zweiten magischen Mittwoch sagen Sie den Kollegen und Menschen in Ihrem privaten Umfeld einfach einmal alles, was Sie selbst auch gerne hören würden – und zwar jedem! Sie bewundern schon länger die stilsichere Garderobe Ihrer Kollegin? Heute sagen Sie es ihr! Sie schätzen eine andere Kollegin wegen ihrer Kreativität? An diesem Mittwoch nehmen Sie sich die Zeit, um sie explizit darauf anzusprechen, ob es zum Moment passt oder auch nicht. Sie freuen sich jeden Morgen über die freundliche Bäckersfrau? Sagen Sie

Sagen Sie Ihren Kollegen was Nettes, damit die Sonne aufgeht … Sie werden sehen.

Zuversicht

es ihr! Sie lieben es, wie Ihr Partner Sie am Abend zu Hause begrüßt? Heute soll er erfahren, wie sehr Sie das schätzen! Überlegen Sie sich für jeden Menschen, den Sie treffen, ein gutes Wort. Vielleicht möchten Sie ja auch jemanden anrufen oder eine E-Mail schreiben, um weitere positive Gedanken loszuwerden? Sicher werden Sie sehr bald erstaunliche Reaktionen ernten.

Ihr Tag!

Sie werden es kaum glauben: An diesem dritten magischen Mittwoch nehmen Sie Urlaub! Genau! Sie tun es einfach! Gerade so, an einem Tag in der Wochenmitte. Obwohl Sie die kostbaren Tage doch aufsparen wollten und obwohl tausend andere Gründe dagegensprechen. Sie tun es aus dem besten Grund, den es gibt: für sich! An diesem Mittwoch tun Sie nämlich etwas, was Sie schon immer einmal machen wollten. Ob das bedeutet, dass Sie einen ganzen Tag

Mitten in der Woche Urlaub und Sonne – das bringt Ihnen Ruhe, Kraft und Wonne.

mit Ihrer neuen Lieblingslektüre im Bett verbringen, Ihre Großtante mit dem Zug besuchen, einfach lässig in den Tag „schlampern" und schauen, was er bringt, oder in die nächstgelegene Großstadt zum „Power-Shopping" fahren, bleibt Ihnen überlassen. Wichtig ist, dass einen ganzen Tag lang nur das zählt, was Sie gerne tun wollen. Wenn Sie mögen, nutzen Sie diesen Tag dazu, die Anregungen aus dem Kapitel „Ich, ich und nochmal ich – Der Tag gehört mir!" (vgl. Seite 135) umzusetzen.

Action ist angesagt!

Am vierten magischen Mittwoch dreht sich alles um Körper und Bewegung. Sie beginnen mit einigen gymnastischen Übungen oder Yoga-Übungen am Morgen und bewegen sich dann so aktiv und agil wie irgend möglich durch den gesamtem Tag. Das bedeutet, dass Sie bereits während des Zähneputzens mit den Beinen trippeln oder schwingen und beim Frühstück locker auf und ab gehen. Das Auto bleibt an diesem Tag natürlich in der Garage, und Sie gehen, walken, radeln oder fahren mit dem Roller Ihrer Kinder zur Arbeit. In der Kita sind Sie heute diejenige, die den Kindern eine Turn- oder Bewegungsstunde anbietet, und in der Mittagspause legen Sie einige entspannende Übungen für den Rücken und Nacken ein. Nach der Arbeit absolvieren Sie ein lockeres Fitness-Programm nach Geschmack. Essen Sie an diesem Tag leicht, und trinken Sie viel. Am Abend steht dann Entspannung an. Ein Bad oder „Sofa-liegen" ist nach diesem Tag erlaubt! Vielleicht tut Ihnen dieser Mittwoch so gut, dass er Routine wird.

Das wird der Mittwoch
der fitten Gemüter ...

Ihr Mittwochstagebuch

Notieren Sie Ihre Erlebnisse, Erkenntnisse und Empfindungen am Abend eines jeden magischen Mittwochs in einem Tagebuch. Lesen Sie sich Ihre Aufzeichnungen regelmäßig durch, und machen Sie sich über positive und negative Aspekte des magischen Mittwochs Gedanken. Erzählen Sie auch anderen von Ihren Erlebnissen, und bleiben Sie stets dabei, immer wieder Neues in Ihrem Leben zuzulassen.

Schreiben hilft, Ihren Gedanken eine Struktur zu geben. Wie wäre es, wenn Sie das Schreiben eines Tagebuches zu Ihrem persönlichen Abendritual machen – nicht nur an einem etwas anderen Mittwoch.

Dokumentieren Sie die Erlebnisse Ihres Mittwochs-Projekts – diesmal nur für sich selbst!

Zufriedenheit

11. Ich, ich und nochmal ich – Der Tag gehört mir!

*Ein Spaziergang am Wasser –
Dabei können Sie Ihre
Gedanken weit schweifen lassen
und bekommen den Kopf frei.
Luxus!*

Wohlgefühl von morgens bis abends

Immer mal wieder sollte ein Tag ganz Ihnen gehören. Nehmen Sie Ihren Kalender zur Hand, und suchen Sie sich einen Tag heraus, an dem Sie Kita-frei haben und keine anderen Termine anstehen. Diesen Tag reservieren Sie für Ihren nächsten persönlichen Wohlfühl-Tag. Bereiten Sie am Vortag schon alles für Ihren persönlichen Wohlfühl-Tag vor. Kaufen Sie frisches Obst, Gemüse und die Zutaten für Ihr Essen ein. Legen Sie sich ansprechende Musik, ein Buch und Wohlfühl-Utensilien zurecht. Dann kann Sie an Ihrem Tag nichts mehr stressen. Nutzen Sie die Chance, einmal nur sich selbst und Ihre Bedürfnisse in den Blick zu nehmen. Los geht's!

Aufwachen ohne Hektik und Druck

Heute tanzen Sie einmal ganz nach Ihrer Pfeife. Dass heißt, Sie lassen sich auf Ihren ganz persönlichen Rhythmus ein. Langschläfer brauchen heute keinen Wecker. Bleiben Sie so lange im Bett, wie es Ihnen gut tut. Um den Kreislauf dann doch in Schwung zu bringen, machen Sie „Muntermacher-Bewegungen": Strecken Sie sich genüsslich, gähnen Sie herzhaft, heben Sie die Beine in die Luft, und fahren Sie eine Runde „Trockenfahrrad". Frühaufsteher nutzen den Morgen, um den Tag aktiv zu begrüßen. Gehen Sie noch vor dem Frühstück raus. Am besten machen Sie einen Spaziergang fern ab von Stadthektik und Menschenmengen. Ob Wald oder Park, in der Natur können Sie den beginnenden Tag am besten willkommen heißen.

Heute mal kein Coffee to go in der S-Bahn. Heute gibt's die gemütliche Tasse auf der Terrasse.

Gesunder Start in den Tag

Heute wird das Frühstück zelebriert! Statt einer schnellen Tasse Kaffee gibt es Latte macchiato oder einen besonderen Tee. Dazu bereiten Sie sich eine Schale Müsli mit frischem Obst oder ein Vollkornbrötchen mit leckerem Aufstrich zu. Das Wichtigste: Nehmen Sie sich Zeit zum Frühstücken!

Einen Wunsch frei am Vormittag

Was wollten Sie schon immer gerne machen, aber bisher hat Ihnen dazu die Zeit gefehlt? Schreiben Sie sich einen ganz persönlichen Wunschzettel. Was darauf steht, entscheiden Sie. Wie wäre es, wenn Sie ein kunterbuntes Bild malen würden oder einen Kräutergarten für den Balkon anlegen? Holen Sie Ihre alte Gitarre vom Dachboden, und ziehen Sie neue Saiten auf. Oder lassen Sie sich mitten am Vormittag eine Badewanne ein. Notieren Sie alle Vorschläge auf ein Blatt Papier. Die Variante, die Ihnen am meisten zusagt, wird heute die Beschäftigung für Ihren Vormittag.

Leichtes Mittagessen für einen gesunden Körper

Mittags wird leicht und lecker geschlemmt. Greifen Sie zu gekochtem Gemüse mit Wildreis. Oder zu Fisch und Salat. Das ist schnell zubereitet, schmeckt – besonders gewürzt – lecker und belastet Sie nicht. Guten Appetit!

Aktiv und fit durch den Nachmittag

Jetzt beginnt der bewegte Teil des Tages. Sie können einen Spaziergang machen oder mit dem Fahrrad losradeln. Oder Sie entscheiden sich für Bewegung in den eigenen vier Wänden. Einfache Yogaübungen sind hierfür eine gute Wahl, denn Yoga ist der beste Beweis dafür, dass Entspannung durch sanfte Bewegungen besonders effektiv ist. Probieren Sie folgende Übungen doch einfach mal aus:

Der Baum
Diese Übung entspannt, verbessert die Konzentrationsfähigkeit und den Gleichgewichtssinn. Stellen Sie sich mit geschlossenen Füßen auf einen festen Untergrund. Atmen Sie einige Male bewusst ein und aus. Nun verlagern Sie Ihr Gewicht auf einen Fuß und heben den anderen soweit wie möglich oben an der Schenkelinnenseite des anderen Beins an. Balancieren Sie sich in dieser Stellung aus. Dann heben Sie beide Arme über den Kopf, strecken sie aus und legen die Hände mit den Innenseiten aneinander. Atmen Sie dabei ruhig und gleichmäßig weiter, und verweilen Sie einige Augenblicke in dieser Stellung.

*Und selbst wenn es nicht
die Asana aus dem Yoga ist:
Auch der Anblick eines alten,
erhabenen Baumes schenkt
Ihnen Kraft.*

Die Schulterbrücke

Legen Sie sich – am besten auf eine Matte oder
Decke – in Rückenlage auf den Boden. Die Arme
strecken Sie neben dem Körper mit den Hand-
flächen nach unten aus. Nun stellen Sie Ihre beiden
Füße nahe dem Gesäß auf dem Boden auf. Ihre
Knie berühren sich dabei. Heben Sie langsam
Becken und Rücken vom Boden ab. Atmen Sie
ruhig und gleichmäßig, und verweilen Sie einige
Augenblicke in dieser Stellung. Dann senken Sie
langsam Gesäß und Rücken wieder ab.

*Meditation entführt
Sie in entspannte Untiefen …*

Zeit der Wünsche
am Nachmittag

Den Rest des Nachmittags verbringen Sie heute einmal mit etwas ganz
Persönlichem: Ihren Wünschen! Haben Sie Visionen, Vorstellungen oder Sehn-
süchte, die Sie seit Längerem vor sich hertragen? Dann ist es jetzt Zeit, diese
Träume und Wünsche in Worte zu fassen. Natürlich sollte es dabei nicht um
unerfüllbare oder höchst unwahrscheinliche Dinge wie das Knacken des Lotto-
Jackpots gehen. Horchen Sie doch einmal in sich hinein: Wie stellen Sie sich
Ihre Zukunft vor? Was wollten Sie schon lange einmal machen oder erreichen?
Je genauer Sie sich vorstellen, wie so eine Situation aussehen soll, desto
höher stehen die Chancen, dass sich Ihre Wünsche auch erfüllen. Denn wenn
man ein Bild vor Augen hat, hat man auch ein Ziel. Formulieren Sie Ihren
Wunsch positiv. Und dann lassen Sie ihn los – am besten mit einem kleinen
„magischen Hilfsmittel" aus den folgenden Abschnitten.

*Unsere Wünsche
sind die Vorboten
der Fähigkeiten,
die in uns liegen.*
Johann Wolfgang von Goethe

Zuversicht

Sternschnuppen selbstgemacht

Statt auf eine Sternschnuppe zu warten, die Ihren Wunsch erfüllt, können Sie dem Glück etwas unter die Arme greifen. Machen Sie sich Ihre eigene Sternschnuppe. Überlegen Sie sich einen klaren, starken Wunsch. Dann entzünden Sie eine Wunderkerze. Damit können Sie nun Ihren Wunsch in den Himmel schreiben.

Seifenblasen-Wünsche

Heute zerplatzen Wünsche nicht wie Seifenblasen, sondern werden wie schillernde Blasen schwerelos in den Himmel getragen. Holen Sie sich eine Kinderseifen-blasen-Mischung. Dann denken Sie ganz fest an Ihren Wunsch, tauchen das Stäbchen in die Seifenlauge, schlie-ßen die Augen und pusten Ihren Wunsch in den Himmel. Augen auf: Jetzt können Sie den Seifenblasen und Ihren Wünschen zusehen, wie sie sich auf den Weg machen.

Werden Sie für Ihre Träume aktiv!

Natürlich ist es nach dem Wünschen auch wichtig, etwas dafür zu tun, dass der Wunsch kein Traum bleibt. Nehmen Sie sich nach Ihrem Wunschritual einen Zettel zur Hand, und schreiben Sie auf, was Sie tun können, um Ihrem Wunsch näherzukommen. Wichtig ist auch: Sprechen Sie über Ihre Wünsche. Rufen Sie einen Freund oder eine Freundin an, und erzählen Sie ihm oder ihr von Ihren Vorstellungen. Je mehr Sie über Pläne, Träume und Visionen sprechen, umso höher ist die Chance, jemanden zu treffen, der Ihnen bei der Wunsch-erfüllung weiterhelfen kann. So knüpfen Sie ein Netzwerk für Ihre Wünsche!

Statt Seifenblasen-Wünsche können Sie auch mit einer Pusteblume Ihre kleinen Wunschsatelliten in den Himmel pusten.

Ein Mensch braucht Ermutigung wie eine Pflanze das Wasser.
Rudolf Dreikurs

Der Abend im Zeichen der Ermutigung

Heute bleibt der Fernseher aus. Zappen macht ohnehin unzufrieden, und man hat anschließend das Gefühl, seine Zeit verplempert zu haben. Nach einem gemütlichen Abendessen ist es an Ihrem Wohlfühl-Tag Zeit, Ihre Seele mit persönlicher Ermutigung zu „gießen". Schreiben Sie dazu Ermutigungsbotschaften an sich selbst auf. Legen Sie mindestens fünf Zettel, einen schönen Briefumschlag und einen Stift bereit. Dann stellen Sie sich vor einen Spiegel. Sehen Sie sich selbst genau an. Überlegen Sie: Was mögen Sie an sich? Was können Sie besonders gut? Was sind Ihre Stärken? Worauf sind Sie bei sich selbst so richtig stolz? Sie können die Fragen Ihrem Spiegelbild direkt beantworten. Oder Sie suchen nach Ihren persönlichen Pluspunkten in Gedanken. Anschließend notieren Sie auf jeden der Zettel eine ganz besondere Stärke von sich. Stecken Sie diese Zettel in den Umschlag. Adressieren Sie den Umschlag an sich persönlich. Für diese „starken Seiten" suchen Sie sich einen ganz besonderen Platz, wo Sie diese aufbewahren möchten. Immer wenn Ihnen in Zukunft etwas misslingt oder Sie sich kraft- und mutlos fühlen, holen Sie Ihre Stärken hervor. Lassen Sie auf sich wirken, was Sie an sich mögen und was Sie gut können. Das ermutigt, neue Aufgaben in Angriff zu nehmen, Kraft zu tanken und Schwierigkeiten zu meistern.

Tulpen-Ermutigungsbotschaften lassen Sie genau dann aufblühen, wenn alles grau und trüb erscheint.

Bildnachweise

© ï|3 r Ä Ä z Ä|ï – fotolia.com (S. 2, 36), © bartm – fotolia.com (S. 4, 124), © Perry – fotolia.com (S. 5), © pizuttipics – fotolia.com (S. 6), © Gina Sanders – fotolia.com (S. 6), © Andrzej Tokarski – fotolia.com (S. 8), © ChantalS – fotolia.com (S. 11), © Carsten Meyer – fotolia.com (S. 13), © Patrice BOUCHER – fotolia.com (S. 15), © Robert Kneschke – fotolia.com (S. 16), © HLPhoto – fotolia.com (S. 17), © sverker – fotolia.com (S. 18), © Patrizia Tilly – fotolia.com (S. 19), © corinne matusiak – fotolia.com (S. 19), © TheSupe87 – fotolia.com (S. 20/21), © Thomas Perkins – fotolia.com (S. 23), © ChristArt – fotolia.com (S. 24), © Gina Sanders – fotolia.com (S. 25), © ksp_creative – fotolia.com (S. 26), © svort – fotolia.com (S. 27), © Uwe Bumann – fotolia.com (S. 28), © Henry Schmitt – fotolia.com (S. 29), © Otmar Smit – fotolia.com (S. 30), © PhotoSG – fotolia.com (S. 31), © babimu – fotolia.com (S. 32), © William Wang – fotolia.com (S. 33), Franz Pfluegl – fotolia.com (S. 35), © iQoncept – fotolia.com (S. 37), © Monia – fotolia.com (S. 38), © Nanadou – fotolia.com (S. 39), © iMAGINE – fotolia.com (S. 40), © Irina Fischer – fotolia.com (S. 41), © racamani – fotolia.com (S. 42), © Marem – fotolia.com (S. 43), © crimson – fotolia.com (S. 44), © quayside – fotolia.com (S. 45), © DeVIce – fotolia.com (S. 46), © absolut – fotolia.com (S. 47), © Delphimages – fotolia.com (S. 48), © Farina3000 – fotolia.com (S. 49), © Jörg Engel – fotolia.com (S. 50), © Tom Davison – fotolia.com (S. 51), © Harald Soehngen – fotolia.com (S. 52), © WK – fotolia.com (S. 53), © Violetstar – fotolia.com (S. 54), © Lorraine Crawley – fotolia.com (S. 56), © jeecis – fotolia.com (S. 57), © Olga Lyubkin – fotolia.com (S. 57), © Jochen Sass – fotolia.com (S. 58), © Kzenon – fotolia.com (S. 59), © Gina Sanders – fotolia.com (S. 60), © Neubau Welt, Berlin (Silhouette, Seite 60), © simonkr – fotolia.com (S. 61), © Undine Aust – fotolia.com (S. 62), © Alexander Yakovlev – fotolia.com (S. 63), © ArTo – fotolia.com (S. 64), © Picture-Factory – fotolia.com (S. 64), © Angelika Bentin – fotolia.com (S. 65), © Norman Chan – fotolia.com (S. 66), © momanuma – fotolia.com (S. 67), © drubig-photo – fotolia.com (S. 68), © joanna wnuk – fotolia.com (S. 69), © Andre Bonn – fotolia.com (S. 70), © Franz Pfluegl – fotolia.com (S. 71), © miklav – fotolia.com (S. 72), © Suprijono Suharjoto – fotolia.com (S. 72), © Piotr Marcinski – fotolia.com (S. 73), © miklav – fotolia.com (S. 74), © elisabetta figus – fotolia.com (S. 78), © sil007 – fotolia.com (S. 75), © Neubau Welt, Berlin (Silhouette, Seite 75), © Neubau Welt, Berlin (Silhouette, Seite 76), © Neubau Welt, Berlin (Silhouette, Seite 77), © Iosif Szasz-Fabian – fotolia.com (S. 80), © jufo – fotolia.com (S. 81), © Andreas Gayer – fotolia.com (S. 82), © Henry Bonn – fotolia.com (S. 82), © eyewave – fotolia.com (S. 83), © Stefan Körber – fotolia.com (S. 84), © DeVIce – fotolia.com (S. 85), © felinda – fotolia.com (S. 86), © Robert Cocquyt – fotolia.com (S. 87), © Thomas von Stetten – fotolia.com (S. 88), © Nanadou – fotolia.com (S. 89), © Robert Kneschke – fotolia.com (S. 90), © Olga Lyubkin – fotolia.com (S. 91), © Ralf-Udo Thiele – fotolia.com (S. 92), © Springfield Gallery – fotolia.com (S. 93), © AGphotographer – fotolia.com (S. 94), © Galina Barskaya – fotolia.com (S. 95), © Falko Matte – fotolia.com (S. 96), © Ieva Geneviciene – fotolia.com (S. 97), © Lulu Berlu – fotolia.com (S. 98), © Sergii Denysov – fotolia.com (S.99), © Johanna Mühlbauer – fotolia.com (S. 100), © Monia – fotolia.com (S. 101), © Kybele – fotolia.com (S. 102/103), © Franz Pfluegl – fotolia.com (S. 104), © Joerg Krumm – fotolia.com (S. 105), © gnat – fotolia.com (S. 106), © Martina Berg – fotolia.com (S. 107), © Beboy – fotolia.com (S. 108), © Aleksandr Stennikov – fotolia.com (S. 109), © Fred – fotolia.com (S. 110), © Adrian Hillman – fotolia.com (S. 111), © Valda – fotolia.com (S. 112), © philippe Devanne – fotolia.com (S. 113), © Finetti – fotolia.com (S. 114), © Acik – fotolia.com (S. 115), © peter Hires Images – fotolia.com (S. 116), © Sweet Angel – fotolia.com (S. 117), © sk_design – fotolia.com (S. 118), © Pavel Losevsky – fotolia.com (S. 120), © Ramona Heim – fotolia.com (S. 123), © Helmut Niklas – fotolia.com (S. 125), © dirius – fotolia.com (S. 126), © Sweet Angel – fotolia.com (S. 127), © felinda – fotolia.com (S. 128), © Uschi Hering – fotolia.com (S. 129), © Alan Smillie – fotolia.com (S. 130), © Galyna Andrushko – fotolia.com (S. 131), © HIG – fotolia.com (S. 132), © Stephen Coburn – fotolia.com (S. 133), © Dennis T. – fotolia.com (S. 134), © Helder Almeida – fotolia.com (S. 135), © Otmar Smit – fotolia.com (S. 136), © Irochka – fotolia.com (S. 137), © pholidito – fotolia.com (S. 138), © René Sputh – fotolia.com (S. 139), © Malena und Philipp K – fotolia.com (S. 140), © bittedankeschön – fotolia.com (S. 141)

Medientipps

Literatur

Volker Friebel:
Das Anti-Stress-Buch für den Kindergarten.
Entspannungspädagogik für Kinder und Erzieher/innen.
Beltz, 2012
ISBN 978-3407627889

Rita Greine:
Stress war gestern.
Mehr Gelassenheit im Kita-Alltag.
Cornelsen Verlag Scriptor, 2008.
ISBN 978-3589246144

Jessica Lütge:
Relax!
Entspannt Lehrer sein.
Verlag an der Ruhr, 2009.
ISBN 978-3834605443

Links*

www.erzieherin-online.de
Fachhomepage für Erzieherinnen mit vielen
nützlichen Tipps, Anregungen und Beiträgen rund
um den Beruf der Erzieherin.

www.forum-fuer-erzieher.de
Portal für ErzieherInnen, um sich zu unterschiedlichen
Themen bezüglich des Kita-Alltag auszutauschen.

* Die in diesem Werk angegebenen Internetadressen haben wir geprüft
(Stand Juli 2012). Da sich Internetadressen und deren Inhalte schnell verändern
können, ist nicht auszuschließen, dass unter einer Adresse inzwischen ein ganz
anderer Inhalt angeboten wird. Wir können daher für die angegebenen Internet-
seiten keine Verantwortung übernehmen.

Keiner darf zurückbleiben!

■ Elternabend in Kita und Krippe mal anders!

Einfach vorbereiten – professionell durchführen – lebendig gestalten

Ulrike Lindner

119 S., A4, Paperback, farbig

ISBN 978-3-8346-0724-9

Best. Nr.: 60724

25,50 € (D)/26,30 € (A)/39,90 CHF

■ Eltern informieren, überzeugen und begeistern

Kita-Projekte originell dokumentiert – Flyer, Einladungen und Aushänge – Präsentationen mit Aha-Effekt!

Ulrike Lindner

112 S., A4, Paperback, farbig

ISBN 978-3-8346-0827-7

Best. Nr.: 60827

21,95 € (D)/22,60 € (A)/35,00 CHF

Verlag an der Ruhr

Postfach 10 22 51

45422 Mülheim an der Ruhr

Telefon 030/89 785 235

Fax 030/89 785 578

bestellungen@cornelsen-schulverlage.de

www.verlagruhr.de

Es gelten die Preise auf unserer Internetseite.

■ Achtung Eltern! im Kindergarten

Typische Konflikte mit Eltern und wie man damit umgeht.

KLAX gGmbH Frau Bostelmann

128 S., A4, Paperback, farbig

ISBN 978-3-8346-0344-9

Best. Nr.: 60344

19,95 € (D)/20,60 € (A)/31,80 CHF

■ Das sind wir! Das können wir! Das wollen wir!

Wirkungsvolle Eltern- und Öffentlichkeitsarbeit für die Kita

Ulrike Lindner

144 S., A4, Paperback, farbig

ISBN 978-3-8346-0918-2

Best. Nr.: 60918

20,50 € (D)/21,10 € (A)/32,70 CHF